ALTER ego

Méthode de français **5**

Annie BERTHET
Cédric LOUVEL

hachette
FRANÇAIS LANGUE ÉTRANGÈRE
www.hachettefle.fr

Couverture : Amarante
Adaptation graphique et mise en page : Marion Fernagut
Suivi éditorial : Vanessa Colnot

Pour découvrir nos nouveautés, consulter notre catalogue en ligne, contacter nos diffuseurs ou nous écrire, rendez-vous sur Internet : **www.hachettefle.fr**

ISBN 978-2-011-5579-88
© Hachette Livre 2010, 43, quai de Grenelle, F 75 905 Paris Cedex 15

Tous droits de traduction, de reproduction et d'adaptation réservés pour tout pays.

Le code de la propriété intellectuelle n'autorisant, aux termes des articles L. 122-4 et L. 122-5, d'une part, que « les copies ou reproductions strictement réservées à l'usage privé du copiste et non destinées à une utilisation collective » et, d'autre part, que les « analyses et les courtes citations » dans un but d'exemple et d'illustration, « toute représentation ou reproduction intégrale ou partielle, faite sans le consentement de l'auteur ou de ses ayants droit ou ayants cause, est illicite ».
Cette représentation ou reproduction, par quelque procédé que ce soit, sans autorisation de l'éditeur ou du Centre français de l'exploitation du droit de copie (20, rue des Grands-Augustins, 75006 Paris), constituerait donc une contrefaçon sanctionnée par les articles 425 et suivants du Code pénal.

Sommaire

LEXIQUE

Les nouvelles technologies

1

Complétez le texte avec les mots suivants.

courrier électronique - sans fil - fournisseur d'accès à Internet - téléchargement - réseau - filaire - internaute - haut débit - en ligne - réseaux sociaux - messagerie instantanée - connecter

Internet est le .... (1) informatique mondial qui rend accessibles au public des services variés comme la .... (2) et le .... (3).

L'accès à Internet peut être obtenu grâce à un .... (4) via divers moyens de télécommunication : soit .... (5) (réseau téléphonique à bas débit, ADSL, fibre optique jusqu'au domicile...), soit sans fil (Wi-Fi, Internet par satellite, 3G+...). Un utilisateur d'Internet est désigné en France par le terme « .... (6) ». Les Français sont accros au surf quotidien. Ils sont en effet de plus en plus nombreux à se .... (7) chaque jour au Web. Une consommation d'Internet qui s'explique en partie par la généralisation du .... (8). Les Français sont d'ailleurs particulièrement sensibles à la liberté et à la flexibilité de l'Internet .... (9), puisque la majorité des abonnés haut débit de l'Hexagone utilisent le Wi-Fi.

Les consommateurs accordent une confiance grandissante à Internet comme canal de vente. La part des internautes français déclarant avoir acheté .... (10) a ainsi presque triplé en quatre ans.

Si les premiers outils de communication des internautes français de 25-34 ans sont l'e-mail et la messagerie instantanée, cette classe d'âge communique également beaucoup via les .... (11) : Facebook, Myspace...

Parmi les usages moins développés se trouvent diverses formes de .... (12), légal ou illégal, de logiciels, musique, vidéos et jeux.

2

Associez.

1. « Système nerveux » de l'ordinateur, qui fait l'interconnexion entre tous ses composants.
2. Dispositif connecté à un ordinateur pour ajouter des fonctionnalités (souris, scanner, clavier, micro, etc.).
3. Mémoire qui stocke les données dans un ordinateur. Peut être interne ou externe.
4. Objet contenant une mémoire à laquelle on peut accéder en le branchant sur un port d'ordinateur ou de matériel hi-fi.
5. Action de charger sur son ordinateur un fichier par l'intermédiaire d'un réseau.
6. Ordinateur détenant des ressources qu'il met à la disposition d'autres ordinateurs par l'intermédiaire d'un réseau.
7. Technique permettant de se voir pendant une conversation téléphonique.

   a. un disque dur
   b. la visiophonie
   c. le téléchargement
   d. un serveur informatique
   e. une carte mère
   f. une clé USB
   g. un périphérique informatique

1	2	3	4	5	6	7

Polysémie

3

Complétez les phrases suivantes avec le mot approprié (sens premier puis sens dérivé). Conjuguez les verbes si nécessaire.

Exemple : **Sens premier** → *Le chat va nous débarrasser des **souris** qui sont dans la cave.*

Sens dérivé → *J'ai acheté une **souris** sans fil pour mon ordinateur.*

1. **Sens premier** → - L'ordinateur ne marche plus !

   - As-tu vérifié qu'il était bien .... ?

   Sens dérivé → Pierre connaît très bien Montréal. Il m'a emmené dans des bars hyper ....

2. **Sens premier** → En 1980, Gérard d'Aboville est le premier à traverser l'océan Atlantique en solitaire à la rame. Pour cela, il .... 71 jours et 23 heures.

   Sens dérivé → Depuis que j'ai installé ce nouveau programme, mon ordinateur .... !

3. **Sens premier** → J'ai acheté un pantalon en .... et un short en jean.

   Sens dérivés → C'est sale ici ! Il y a des .... d'araignées partout !

   → Pour mon mémoire de Master 1, j'ai trouvé sur la .... quelques articles vraiment intéressants.

4. **Sens premier** → À la naissance de ma fille, j'... un ginkgo dans mon jardin. Ma fille y est très attachée.

   Sens dérivés → Hier soir, alors qu'on faisait la queue devant un cinéma, on s'est violemment disputés. Finalement, Thomas m'... là sans dire un mot.

   → Hier, je jouais sur l'ordi. J'étais en train d'améliorer mon meilleur score quand l'ordinateur .... Ça a gâché ma journée.

5. **Sens premier** → On déplore une nouvelle agression au large des côtes somaliennes. Cette fois-ci, c'est un thonier espagnol qui a été la cible des ....

   Sens dérivé → Une société américaine spécialisée dans la sécurité informatique estime à une sur cinq la probabilité d'être victime d'un .... sur Internet.

6. **Sens premier** → Cet été, à Biarritz, j'ai appris à .... C'était cool !

   Sens dérivé → Le problème d'Internet, c'est qu'on peut vite y passer un temps fou. Hier, je cherchais juste une info et finalement j'... pendant trois heures.

7. **Sens premier** → - Est-ce que ton PC est encore ...., j'aimerais consulter mes mails ?

   - Ah non, désolé, il est ....

   Sens dérivé → - Le nouveau copain de Flo est complètement ...., tu ne trouves pas ?

   - Oui, quoique la semaine dernière, à la fête de Seb, je l'ai trouvé plutôt ....

8. **Sens premier** → Super ! Ils repassent *Y a-t-il un* .... *dans l'avion ?* la semaine prochaine, j'adore ce film.

   Sens dérivé → Si ton imprimante ne réagit plus, peut-être suffit-il de réinstaller le ....

La nominalisation

4

Lisez le document ci-dessous. Puis faites la liste des sept mesures proposées par l'association « Renaissance numérique » en employant des formes nominales.

Dans le cadre des Assises du numérique, l'association Renaissance numérique a remis au secrétaire d'État chargé de la Prospective et de l'Évaluation des politiques publiques ses propositions afin de réduire la fracture numérique :

1. équiper et former les foyers défavorisés en facilitant le reconditionnement des ordinateurs usagés
2. garantir à tous les Français l'accès Internet haut débit
3. former et accompagner les seniors dans l'usage des NTIC, déployer à grande échelle un plan « Ordinateur connecté, formation et assistance » pour 30 € par mois pour 1 million de seniors
4. intégrer davantage la formation des NTIC dans l'enseignement scolaire
5. communiquer en direction des TPE-PME et du grand public sur les usages du numérique
6. soutenir la mise à niveau du web public français via le pilotage, la structuration et le financement de la formation
7. rendre le web accessible aux personnes âgées et aux personnes handicapées

D'après *www.gouvernement.fr/gouvernement/reduire-la-fracture-numerique*

Exemple : *Objectif :* **Réduction** *de la fracture numérique*

1re mesure : ....

2e mesure : ....

3e mesure : ....

4e mesure : ....

5e mesure : ....

6e mesure : ....

7e mesure : ....

5

Reformulez les phrases suivantes en transformant les adjectifs en noms.
Utilisez *à cause de, grâce à, en raison de, pour* + nom ou la tournure de votre choix.

Exemple : Tout le monde l'apprécie parce qu'il est généreux.
→ *Tout le monde l'apprécie* **pour sa générosité**.
   Ce que *tout le monde apprécie chez lui,* **c'est sa générosité**.

1. Qu'est-ce qu'il est maladroit ! Il a toujours des problèmes quand il bricole.

....

2. Dans cette affaire, il s'est montré aveugle. C'est pourquoi il a échoué.

....

3. S'il a fini par réussir, c'est parce qu'il est très entêté.

....

4. Elle est tellement téméraire qu'elle risque d'avoir un accident.

....

5. Comme ce cheval est impétueux, personne ne veut le monter.

....

6. Christophe a beaucoup de problèmes au boulot. On lui reproche d'être désinvolte.

....

7. Cet élève s'est montré irrespectueux vis-à-vis des professeurs. Résultat : il a été exclu du collège pour une semaine.

....

8. Laurent va recevoir une lettre d'avertissement car il a été négligent dans son travail.

....

9. Elle n'a pas pu faire son exposé devant la classe parce qu'elle est très émotive.

....

10. Les explications de ma collègue m'ont beaucoup aidé : elles étaient très claires.

....

Comprendre des notes

6

Vous avez manqué un cours et un camarade francophone vous a passé ses notes. Retranscrivez-les au propre.

18/09/2011

TIC ET ÉDUCATION

TIC = technologies de l'inform° et de la comm°. Leur appari° massive ds syst éducatif → chang^t façon d'enseigner.

<u>3 chang^t à venir</u>

- chang^t savoir
- chang^t rôle de l'école
- chang^t rôle du prof

<u>Moyens matériels ?</u>

– assez d'ordis à dispo

– Ensgt doivent avoir accès aux logiciels de créa° pr dvp^t de contenus pédago^q.

<u>Résistances à surmonter ?</u>

Introd° de ces technos → résistances ds corps enseigt.

Désaccord sur impact des TIC sur enseign^t. Révolu° dans syst. éducatif ?

télé, radio, cinéma ≠ révolu°.

....

....

....

....

....

....

....

....

....

....

....

GRAMMAIRE

Temps et modes

7

Conjuguez les verbes entre parenthèses aux temps et mode qui conviennent.

Le téléphote

Il y a déjà trois ou quatre ans (en 1878), les journaux ont annoncé une découverte, qui, au premier abord,

.... (pouvoir) paraître invraisemblable, mais qui, ayant eu quelque retentissement,

.... (attirer) l'attention des savants et a donné lieu à quelques recherches intéressantes

que nous croyons devoir résumer dans ce chapitre, bien qu'à vrai dire aucun résultat sérieux ....

.... (ne pas encore être obtenu). Il .... (s'agir) de « voir par le

télégraphe », comme le .... (dire) les journaux américains. On peut comprendre que,

présentée de cette manière, la découverte n'... (rencontrer) que l'incrédulité ; mais, au

fond, la question pouvait présenter quelque intérêt et plusieurs savant distingués ....

(s'en occuper) sérieusement. Il est certain que les découvertes du téléphone et du phonographe, auxquelles on se

.... (refuser) de croire à l'origine, ... (désarçonner)

un peu les sceptiques et je crois qu'en ce moment il .... (être) imprudent d'être trop

affirmatif dans le sens de la négation sur les découvertes un peu extraordinaires.

D'après Théodose du Moncel, Le microphone, le radiophone et le télégraphe, 1882

Dites-le autrement

8

Complétez pour former une phrase de sens similaire. Utilisez le mot ou l'expression donné(e).

Exemple : Les documentalistes connaissent Paul Otlet pour avoir inventé la CDU. (→ **en raison de**)
→ *Les documentalistes le connaissent **en raison de son invention de la CDU**.*

cf. manuel p. 15 **1.** Les documentalistes connaissent Paul Otlet pour avoir inventé la CDU. (→ **auprès de**)

→ Paul Otlet .... documentalistes pour avoir inventé la CDU.

manuel p. 15 **2.** Utopie [qui] pourrait bien devenir la réalité pourvu que se perfectionnent encore nos méthodes et notre instrumentation. (→ **si**)

→ .... , cette utopie pourrait

bien devenir réalité.

manuel p. 15 **3.** Malgré une reconnaissance internationale, l'aspect utopique de ses projets l'isole de plus en plus. (→ **bien que**)

→ .... , l'aspect

utopique de ses projets l'isole de plus en plus.

manuel p. 17 **4.** Bien que les policiers réclament plus de pouvoirs [...], l'Italie a souligné son désaccord. (→ **avoir beau**)

→ Les policiers ....

plus de pouvoirs, l'Italie a souligné son désaccord.

manuel p. 18 **5.** À mesure que nous nous servons des ordinateurs comme intermédiaires de compréhension du monde, je crains que notre propre intelligence ne devienne artificielle. (→ **plus... plus...**)

→ .... , ...

.... risque de devenir artificielle.

f. manuel p. 19 **6.** Même si le livre et les éditeurs font encore de la résistance, la littérature sans papier pourrait bien devenir [...] le standard de demain. (→ **en dépit de**)

→ .... ,

la littérature sans papier pourrait bien devenir le standard de demain.

Cherchez l'erreur

9

Sur un forum Internet, vous lisez une discussion au sujet des ondes électromagnétiques. Les trois messages suivants sont remplis d'erreurs ! À vous de les corriger.

Atlantika14 - Aujourd'hui à 16:13:40
J'été en train de lire vos messages et j'ai décidée de m'inscrire pour vous demander si vous connaissez le danger, pour notre organisme, des ondes électromagnétiques du à nos portables ?

(3 erreurs) ....

....

....

....

....

Bioman - Aujourd'hui à 17:27:02
Il y a des ondes plus ou moin supportable celon la fréquence. Le pire c'est pour les personnes sencibles au ondes (comme moi). Impossible de dormir avec un radio réveille dans la pièce ou une télé, pareille pour le téléphone, sinon j'ai une migraine insupportable !!!

(7 erreurs) ....

....

....

....

....

....

....

....

JeanCastor - Aujourd'hui à 21:16:28

Les ondes électromagnétiques, au haute doses auquel nous sommes soumis, ne sont pas anodine. Si toutes les études sérieuse (c'est-à-dire effectuer par des organisme indépendant) ne seraient pas pour la plupart bloquer a la source par les opérateurs téléphoniques, on en saurait peut-être un peu plus. Quand au normes européennes, sais-tu sur quels études elles se bases ?

(15 erreurs) ....
....
....
....
....
....
....
....

Style

cf. manuel p. 17 Dans son article, Christian Leduc écrit : « Il n'est pas rare qu'un procès se conclue quinze ans après les événements criminels. » « **Il n'est pas rare que...** » a ici le sens de « **Il arrive souvent que...** ». Cette figure de style est appelée une litote.

La litote consiste à dire le moins pour dire le plus, le plus souvent par la négation du contraire. Par exemple, « Ce n'est pas donné ! » pour signifier « C'est cher ! ».

10

Reformulez les phrases suivantes sans litote.

1. Il est loin d'être bête.

→ ....

2. Ça n'est pas pour tout de suite.

→ ....

3. Ça ne sent pas la rose.

→ ....

4. Je ne suis pas fâché de partir.

→ ....

5. Ce n'est pas une lumière.

→ ....

6. Ta tarte n'est pas mauvaise.

→ ....

7. Je ne détesterais pas faire le tour du monde.

→ ....

8. Tu n'as pas tort.

→ ....

9. Pas mal, ta nouvelle voiture !

→ ....

10. Ça n'est pas très joli, ce que tu viens de faire.

→ ....

QUIZ CULTUREL

1 **Que signifie NTIC ?**
- **a** nouvelles technologies de l'information et de la communication
- **b** nouvelles techniques de l'Internet et de la communication
- **c** numérisation des techniques de l'information et de la communication

2 **Parmi ces inventions, laquelle marqua le premier pas vers une société de l'information ?**
- **a** l'Internet
- **b** le téléphone
- **c** le télégraphe
- **d** la radiotéléphone

3 **Quand un Français parle d'Hadopi, de quoi parle-t-il ?**
- **a** d'une loi contre le téléchargement illégal
- **b** d'un jeu vidéo japonais
- **c** d'un moteur de recherche

4 **Qu'était le Minitel ?**
- **a** un mini-téléphone
- **b** un terminal informatif pour particuliers
- **c** un opérateur de téléphonie mobile

5 **À quoi oppose-t-on le terme « numérique » ?**
- **a** binaire
- **b** analogique
- **c** alphabétique

6 **Word, Excel, PowerPoint sont des ... à installer sur l'ordinateur en vue de leur utilisation.**
- **a** logiciels
- **b** processeurs
- **c** pilotes

7 **Par qui le mot « courriel », pour « courrier électronique », a-t-il été inventé ?**
- **a** les Français
- **b** les Suisses
- **c** les Belges
- **d** les Canadiens francophones

8 **Qu'est-ce que Sophia Antipolis ?**
- **a** un logiciel de sauvegarde
- **b** une base de données internationale
- **c** la « Silicon Valley » française

9 **Qu'est-ce qu'un *buzz* ?**
- **a** une erreur survenue dans un programme informatique
- **b** un passionné de nouvelles technologies
- **c** une rumeur lancée volontairement sur Internet, dans un but de publicité

10 **Voici 10 sites parmi les 50 sites préférés des Français. Retrouvez à quoi ils correspondent.**

1. skyrock.com — a. un site de rencontre
2. leboncoin.fr — b. un journal sportif
3. ebay.fr — c. un site d'achats et de ventes aux enchères
4. linternaute.com — d. un site de détente et de conseils pratiques
5. over-blog.com — e. un magazine en ligne
6. lequipe.fr — f. un site de petites annonces
7. aufeminin.com — g. un portail médical grand public
8. doctissimo.fr — h. un site d'hébergement de blogs
9. meetic.fr — i. une radio
10. pole-emploi.fr — j. un site pour les demandeurs d'emploi

LEXIQUE

Mœurs d'antan

1

Complétez le texte avec les mots suivants. Faites les accords nécessaires.

mésalliance - statut - matrimonial - devoir - épouse - se consacrer - entremetteur - foyer - ménage - dot - choisir - union - exercer - domestique

Les filles élevées jusqu'au XXe siècle dans le but de .... (1) uniquement à leur époux et à la gestion de la vie .... (2), se voyaient .... (3) leur mari par leurs parents, qui faisaient appel à des agences .... (4), à des .... (5) ou à des marieuses qui négociaient les .... (6). Si l'argent était le nerf de l'affaire, l'amour – bien que ne présidant pas à l'... (7), car souvent considéré comme dangereux et source de « .... » (8), – était cependant le résultat espéré car « le .... (9) des jeunes filles était d'aimer leurs maris ». De nombreux manuels parurent en effet avec succès sur l'art d'être heureux en .... (10), dont celui de l'académicien Joseph Droz, en 1806, stipulant que le mariage ne devait plus être qu'un simple moyen d'améliorer son .... (11) mais aussi devenir un moyen d'être heureux. Mais il pensait que c'était à l'homme d'... (12) l'autorité au sein du .... (13) et que son .... (14) devait se contenter de l'influencer.

D'après *Français ! Notre histoire, nos passions*, Larousse, 2003

Sens propre et sens figuré

2

Complétez les textes avec les mots suivants au sens propre (texte n° 1), puis au sens figuré (texte n° 2).

pluie(s) - température(s) - pression(s) - au beau fixe - gelés / gèlera - girouette(s) - orageuse

cf. manuel p. 28 **Sens figuré** → À lire les résultats de l'enquête, toutes les valeurs associées à l'ouverture sont **au beau fixe**.

Sens propre → Pour l'instant, le soleil est **au beau fixe**, mais des orages sont annoncés en soirée.

Le baromètre indique que le temps devrait être toute la semaine .... (1) sur notre belle île de la Réunion. En effet, un front de hautes .... (2) traversera l'île. Par contre, la chaleur augmentant, la fin de semaine pourrait être .... (3). De fortes .... (4) pourraient provoquer quelques débordements de cours d'eau. Les .... (5) seront très chaudes sur tout le territoire, avec un maximum de 38 degrés à Sainte-Rose. Les .... (6) indiqueront le sud-est, où soufflera un vent violent.

En France métropolitaine, il y aura de fortes précipitations sur tout le territoire. Il .... (7) au-dessus de 500 mètres. Les conducteurs devront être prudents.

Bulletin météorologique

❷

Moi, je dis vive la retraite ! Avant, au boulot, l'atmosphère était souvent .... (1).

À cause de mon chef qui tempêtait à tout bout de champ, j'étais toujours sous .... (2) ;

c'est bien simple, il avait quotidiennement des altercations avec ses subalternes et ça se terminait par une

.... (3) d'injures de sa part ! En plus, c'était une véritable .... (4) :

il changeait constamment d'opinion. Plus grave encore, je n'ai eu aucune augmentation en cinq ans parce

que les salaires étaient .... (5) : c'est dire qu'il n'y a pas d'avenir dans cette boîte...

D'ailleurs, les derniers arrivés ont eu vite fait de prendre la .... (6) : ils ont compris

que l'avenir ne serait pas rose pour eux ! Mais tout ça c'est derrière moi, à présent je suis libéré de toutes

ces contraintes et j'ai le moral .... (7).

Un retraité comblé

Préfixes

manuel p. 31 Parce que l'**immigration**, forte, était source de cotisation.

Le mot *immigration* est composé du préfixe *in-* (dans) et du substantif *migration* (*in + m > imm*).
Comment est formé le mot *émigration* ? Quelle est la différence de sens entre *immigration* et *émigration* ?

3

Complétez les phrases avec les mots suivants. Conjuguez les verbes si nécessaire.

effraction - infraction - intention - attention - irruption - éruption - opportun - importun - accident - incident - évoquer - invoquer

1. Je ne me souviens pas de ce que tu racontes. Cela ne m'...................................... vraiment rien.

2. La manifestation s'est déroulée sans ....

3. Tu as pris un sens interdit ! Fais attention ! Tu sais qu'on enlève quatre points pour ce type d'......................................!

4. C'est vraiment incroyable, elle essaie par tous les moyens d'attirer son ....

5. J'espère que je ne vous dérange pas, je ne voudrais pas être ....

6. Pour sa défense, il .... l'article L122-41 du Code du travail.

7. Soudain, il fit .... dans la pièce ; je ne m'attendais pas à le voir !

8. Il a eu un .... ; heureusement, il n'y a eu que de la tôle froissée.

9. Écoute, je suis persuadé qu'elle n'avait pas l'...................................... de te blesser.

10. Tous les Napolitains redoutent l'...................................... du Vésuve.

11. Les Durand se sont fait cambrioler hier, mais il n'y a pas eu d'......................................

12. Tu arrives au moment ....! Prends ces sacs et aide-moi à les monter.

4

Trouvez quel mot commençant par le préfixe négatif *me-/mes-* correspond à chaque définition.

1. Dédaigner *(verbe)* = ...

2. Critiquer, dire du mal de quelqu'un *(verbe)* = ...

3. Qui n'est pas satisfait *(adjectif)* = ...

4. Mariage avec une personne de condition jugée inférieure *(substantif)* = ...

5. Action mauvaise, nuisible à autrui *(substantif)* = ...

6. Ne pas apprécier à sa juste valeur *(verbe)* = ...

7. Le fait de ne pas être en accord avec quelqu'un *(substantif)* = ...

8. Qui ne veut pas croire, qui n'a pas la foi *(substantif)* = ...

9. Ne pas avoir confiance *(verbe)* = ...

Articles

5

Complétez, si besoin, avec l'article qui convient. Faites les modifications nécessaires.

1. Les époux ont échangé leurs consentements dans .... petite église de .... Bretagne, ... matin de .... juillet.

2. Après .... cérémonie à .... église, ... séance photos a été interminable : en plus de .... photographe attitré, tout le monde voulait prendre .... photos de .... couple !

3. .... belle réception a ensuite eu lieu dans .... enceinte de .... château médiéval.

4. Au cours de .... réception, ... enfants .... invités ont joué dans .... parc, ravis qu'il n'y ait pas .... adultes pour les déranger !

5. Pendant le cocktail, les invités ont bu .... champagne. Lors du déjeuner, ils n'ont pas bu .... champagne mais .... vin de Bordeaux.

6. Les jeunes mariés se sont éclipsés discrètement à la fin de .... réception. Puis ils sont partis en voyage de .... noces en fin de .... journée.

7. C'est .... notaire, Maître Leroy, qui a rédigé .... contrat de .... mariage. Il connaît très bien .... père de .... mariée et gère .... affaires de .... famille depuis des années.

8. Voilà des mois que les deux oncles de la mariée ne s'adressent plus la parole à cause de .... sombre histoire de .... famille.

GRAMMAIRE

Pronoms relatifs

6

Réécrivez les messages en y intégrant les précisions données entre parenthèses. Utilisez des pronoms relatifs simples ou composés.

FORUM : Y a-t-il un avenir pour les jeunes ?

Fabien, 20 ans
Moi, j'estime que j'hérite d'une situation *(nous ne sommes pas responsables de cette situation)*, simplement la génération *(nous, les 15/24 ans, appartenons à cette génération)* est une génération sacrifiée ! Les années de croissance et d'expansion *(nos parents ont connu ces années-là)* ne sont plus à l'ordre du jour. À l'inverse, le monde *(nous vivons dans ce monde à présent)* est fait d'incertitude et de peur, et c'est un monde *(nous n'avons pas été préparés à ce monde-là)*.

Virginie, 23 ans
Je supporte mal, quant à moi, ce terme de « génération sacrifiée » *(on a pris l'habitude de nous désigner par ce terme)* ; c'est plutôt une génération de transition, *(je fais moi-même partie de cette génération de transition)*. Il nous reste à créer le monde *(nous voulons ce monde)* : un monde *(la tolérance, la solidarité, l'altruisme règneront dans ce monde)*. Voilà *(cela nous attend)*.

Fabien, 20 ans : ....

....

....

....

....

....

....

Virginie, 23 ans : ....

....

....

....

....

....

....

7

Complétez le texte avec des pronoms relatifs simples ou composés.

Le renouvellement des générations est-il assuré ?

Les femmes nées en 1970, ... (1) étaient âgées de 35 ans en 2005, ont eu 1,71 enfants en

moyenne, ce .... (2) laisse envisager vers 2020 un taux de fécondité très proche de 2.

Dans ces conditions, le résultat .... (3) nous parvenons montre que le renouvellement à

l'identique des générations ne sera pas assuré. Et l'hypothèse .... (4), dans

l'avenir, une immigration massive inverserait la tendance est peu crédible. Le scénario .... (5)

on doit s'attendre est en réalité encore bien flou. L'avenir dépendra en effet des nouveaux modèles familiaux

.... (6) prévaudront. Le phénomène des familles recomposées, ... (7) on a

observé la montée en puissance ces dernières décennies, sera peut-être un des facteurs

.... (8) le pays renouera avec la croissance démographique. En effet, les

personnes .... (9) les hasards de la vie conduisent à connaître plusieurs unions successives

ont souvent des enfants à chaque fois et contribuent ainsi à augmenter la moyenne. Pour conclure,

.... (10) on est sûr, c'est que la famille reste une valeur prioritaire pour les Français car elle

les rassure et donne un sens à leur vie.

Ne confondez pas

8

Complétez les phrases avec *qui le, qui l', qu'il, qui il*.

1. Son père lui impose d'épouser un homme .... a lui-même choisi.

2. Il aimait éperdument cette femme .... détestait au plus haut point.

3. Il se sentait à présent humilié par cette jeune fille à .... venait de déclarer sa flamme et .... dévisageait avec mépris.

4. Il vient d'apprendre l'infidélité de sa femme, ... a trompé avec celui-là même qu'il voulait désigner comme successeur à son poste.

5. Elle était jalouse et considérait avec suspicion toutes les femmes .... regardaient.

6. Par malheur pour lui, l'homme à .... avait avoué être amoureux d'Elsa n'était autre que le mari de cette dernière !

7. La femme .... aimait depuis toujours était amoureuse de son meilleur ami.

8. Cet homme refuse de divorcer d'avec sa femme, ... accuse de dilapider sa fortune personnelle.

9

Entourez la réponse qui convient.

cf. manuel p. 28 *De tous les choix possibles, la tolérance constitue, **quelle que** soit l'année, la valeur choisie par les enquêtés.*

1. Depuis **quelque / quelques** temps, on assiste à la montée en puissance des valeurs associées à l'ouverture.

2. Quelque / Quel que soit leur âge, les Français sont soucieux de liberté dans la sphère privée.

3. Les valeurs des jeunes Français sont un sujet à la mode : **quels que / quelque** trente journaux et magazines y ont consacré des articles le mois dernier.

4. Cette année, **quelques / quels que** cours de sociologie ont pour thème « les valeurs phare de la société française ».

5. Quelles que / Quelque soient les époques, la famille a toujours été une valeur refuge.

6. Les Français ont souvent **quelle que / quelque** réticence à accorder immédiatement leur confiance à autrui.

7. Un sondage auprès d'un échantillon représentatif d'une population coûte au minimum **quelque / quelques** milliers d'euros.

8. Quel que / Quelque soit leur milieu social, les parents ont à cœur de transmettre des idées de tolérance à leurs enfants.

9. Les sondeurs doivent enquêter en toute impartialité, et ce **quelque / quelle que** soit leur opinion personnelle.

10. Quels que / Quelque individualistes qu'ils soient, les jeunes ne dédaignent pas les valeurs humanistes.

Dites-le autrement

10

Reformulez en utilisant l'expression donnée ou simplement suggérée.

1. J'ai du mal à supporter les reproches incessants de mon père et, aujourd'hui, j'étais sur le point de sortir en lui claquant la porte au nez. (→ **faillir**)

....

....

2. J'appartiens à une autre génération que celle de mes parents : cela ne facilite pas la communication entre nous. (→ **le fait**)

....

....

3. Il était excédé par le comportement de son fils, ça a été plus fort que lui : il s'est énervé. (→ **s'empêcher**)

....

....

4. Même si mon père avait eu de l'argent, je suis certain qu'il aurait refusé de m'aider financièrement. (→ **supposer**)

....

....

5. Elle réalise qu'elle n'aurait pas dû élever ses enfants de cette façon. (→ **regretter**)

....

....

manuel p. 28 **6.** À lire les résultats de l'enquête, toutes les valeurs associées à l'ouverture sont au beau fixe. (→ **si**)

....

....

Temps et modes

11

Conjuguez aux temps et mode qui conviennent. Attention à la voix passive.

Quand je vous ai fait le récit de quelques accidents de ma vie, je ne m'attendais pas, ma chère amie, que vous me prieriez de vous la donner tout entière, et d'en faire un livre à imprimer. Il est vrai que l'histoire en est particulière, mais je la .... (gâter), si je l'................................. (écrire) ; car où voulez-vous que je .... (prendre) un style ?

Il est vrai que dans le monde on m'a trouvé de l'esprit ; mais, ma chère, je crois que cet esprit-là n'est bon qu'à .... (dire), et qu'il ne vaudra rien à .... (lire). [...]

J'ai vu une jolie femme dont la conversation .... (passer) pour un enchantement, personne au monde ne .... (s'exprimer) comme elle ; c'était la vivacité, c'était la finesse même qui parlait. [...] La petite vérole[1] lui .... (venir), elle en .... (rester) extrêmement marquée : quand la pauvre femme .... (reparaître), ce .... (ne plus être) qu'une babillarde[2] incommode. Voyez combien auparavant elle .... (emprunter) d'esprit [à] son visage ! [Et peut-être que] le mien m'en .... (prêter) aussi dans le temps qu'on m'en .... (trouver) beaucoup. Je me souviens de mes yeux de ce temps-là, et je crois qu'ils .... (avoir) plus d'esprit que moi.

Combien de fois me suis-je surprise à dire des choses qui .... (avoir) bien de la peine à passer toutes seules ! Sans le jeu d'une physionomie friponne qui les .... (accompagner), on .... (ne pas m'applaudir) comme on faisait, et si une petite vérole .... (venir) réduire cela à ce que cela valait, franchement, je pense que j'y .... (perdre) beaucoup.

D'après Marivaux, *La Vie de Marianne*, 1742

1. Petite vérole : variole, maladie contagieuse qui défigure   2. Babillard : bavard

Style

L'**euphémisme** consiste à atténuer la réalité dont on parle par l'emploi d'une expression indirecte qui l'adoucit.
Exemple : un(e) « technicien/ne de surface » pour désigner un(e) homme/femme de ménage

12

Identifiez les dix euphémismes présents dans le texte, puis associez-les aux mots et expressions donnés ci-dessous.

Mesdames et messieurs, bonsoir,

Aujourd'hui, à la une de l'actualité : les opérations de pacification se poursuivent au Janistan. Elles ont permis d'arrêter de nombreux insurgés dans plusieurs grandes villes du pays. Au nord du pays, dans les zones tribales, les casques bleus, victimes d'actions de représailles, ont essuyé de lourdes pertes. Le commandement allié a immédiatement annoncé qu'il allait riposter en lâchant des bombes sur certains points stratégiques. Cependant, de plus en plus de voix s'élèvent contre cet usage de la force et la stratégie alliée en général. Ainsi, hier encore, des frappes ciblées ont entraîné d'importants dommages collatéraux au sein de la population civile.

Enfin, la désorganisation des forces du camp allié se fait tous les jours plus évidente. Et, ce matin encore, un soldat a trouvé la mort.

Politique à présent. Aujourd'hui, le Président a annoncé un grand plan national pour lutter contre les inégalités et les discriminations. Ce plan a notamment pour mission de favoriser l'accès au travail des personnes qualifiées de « victimes de la vie », à savoir les personnes à mobilité réduite, les malentendants, les non-voyants et les personnes souffrant de surcharge pondérale.

1. des victimes involontaires = ...

2. les obèses = ...

3. les aveugles = ...

4. les sourds = ...

5. les handicapés moteurs = ...

6. les handicapés divers = ...

7. des bombardements = ...

8. de nombreux morts = ...

9. a été tué = ...

10. les opérations militaires = ...

13

Reformulez les phrases suivantes sans euphémisme.

1. La disparition d'un parent est toujours un événement traumatisant.

....

2. Le nombre de demandeurs d'emploi ne cesse d'augmenter.

....

3. Au Japon, allumer son PC en même temps que la cafetière est un geste banal pour les internautes du troisième âge.

....

....

4. L'abbé Pierre a beaucoup œuvré en faveur des plus défavorisés.

....

5. Pauline est bouleversée : hier, elle a été remerciée.

....

QUIZ CULTUREL

1 Pour les statisticiens français, la famille est un ensemble d'au moins :

a une personne **b** deux personnes **c** trois personnes

2 Quel terme désigne le fait de vivre en couple sans être marié ?

a le compagnonnage **b** le concubinage **c** le partenariat

3 Qu'est-ce que le PACS ?

a un parti politique défenseur des valeurs familiales

b un centre d'accueil pour orphelins

c un « contrat » de vie commune entre deux personnes adultes

4 Quel est le patronyme le plus porté en France ?

a Martin **b** Mercier **c** Lefèvre

5 Pour évoquer la famille Dupont, on écrit...

a les Dupont's **b** les Dupont **c** les Duponts

6 Quand on parle de cousins germains, il s'agit de :

a cousins du Nord de la France **b** cousins allemands **c** cousins au premier degré

7 De quand date en France la première légalisation du divorce ?

a XVIIIᵉ siècle **b** XIXᵉ siècle **c** XXᵉ siècle

8 De quand date en France la légalisation de la contraception ?

a 1955 **b** 1967 **c** 1975

9 Quelle expression désigne le nombre moyen d'enfants par femme ?

a le taux de fécondité **b** le taux de natalité **c** le taux de maternité

10 Qui est l'auteur de la saga romanesque _Les Rougon-Macquart_, qui retrace l'histoire d'une famille sous le Second Empire ?

a Victor Hugo **b** Émile Zola **c** Stendhal

11 L'exclamation « Familles, je vous hais ! » est tirée d'un roman de :

a André Gide **b** Simone de Beauvoir **c** Marcel Proust

12 « Thénardier » est le nom d'une famille que Victor Hugo met en scène dans _Les Misérables_. Aujourd'hui entré dans le vocabulaire courant, ce patronyme désigne :

a des parents pauvres mais aimants **b** des parents ambitieux et sévères **c** des parents indignes et cupides

13 Quel grand intellectuel français a mis au jour « les structures élémentaires de la parenté » ?

a Claude Lévi-Strauss **b** Jean-Paul Sartre **c** Michel Serres

LEXIQUE

Le travail

1

Remplacez dans chaque phrase le mot *travail* par un des synonymes suivants. Puis écrivez une nouvelle phrase à partir du mot choisi.

corvée - turbin - gagne-pain - labeur - activité - mission - œuvre - besogne - taf - emploi

1. Il est à la recherche d'un **travail** depuis deux mois.

→ ....

....

2. Je passais toute la matinée à corriger des copies ; je m'acquittais de ce **travail** sans aucun entrain.

→ ....

....

3. « Puisque c'est comme ça, pas de télévision tout à l'heure ! » Misère de la modernité : on a élevé la télévision à la dignité de récompense et, par corollaire, rabaissé la lecture au rang de **travail**.

→ ....

....

4. Rien de tel que des vacances ratées pour vous réconcilier avec une vie de **travail**.

→ ....

....

5. En attendant de pouvoir enregistrer un album, je joue le soir dans les bars : c'est mon **travail**.

→ ....

....

6. Ce consultant vient de se voir confier un **travail** délicat.

→ ....

....

7. Une fois leurs objectifs bien définis, les ouvriers se sont immédiatement mis au **travail**.

→ ....

....

8. « Le passage [du **travail**] à la retraite est le temps critique de l'employé. » (Balzac)

→ ....

....

9. Le samedi soir, l'ouvrier parisien, après le **travail**, dit à sa femme : « Comme dessert, je te paie le café-concert ». (« Viens Poupoule », chanson de Trébitsch et de Christiné, 1902)

→ ....

10. Je suis en pleines révisions et je n'ai pas un week-end de libre ; c'est fou le **travail** qu'on a.

→ ....

....

2

Complétez le texte avec les mots suivants.

patronal – exploiteur – usine – paresse – patron – cadences – servitude – chômeur – pointeuse – oisiveté

Le .... (1), le plus souvent, ne s'appartient pas, il continue d'appartenir au travail.

Ce qui l'a détruit dans l'aliénation de l'..................................... (2) et du bureau persiste à le ronger au

dehors comme la douleur d'un membre fantôme. Pas plus que l'..................................... (3), l'exploité

n'a guère la chance de se vouer sans réserve aux délices de l'..................................... (4).

Il y a de la malice, assurément, à en faire le moins possible pour un .... (5), à

s'arrêter dès qu'il a le dos tourné, à saboter les .... (6) et les machines, à pratiquer

l'art de l'absence justifiée. La .... (7) ici sauvegarde la santé et prête à la subversion

un caractère plaisamment roboratif[1]. Elle rompt l'ennui de la .... (8), elle brise le mot

d'ordre, elle rend la monnaie de sa pièce à ce temps qui vous ôte huit heures de vie et qu'aucun salaire ne

vous laissera récupérer. Elle double avec un sauvage acharnement les minutes volées à l'horloge

.... (9), où le décompte de la journée accroît le profit .... (10).

D'après Raoul Vaneigem, Éloge de la paresse affinée, éd.du centre Pompidou, 1996

1. Roboratif : fortifiant

Action sociale

3

Associez chaque mot ou expression à sa définition.

1. la pétition

2. le débrayage

3. la grève tournante

4. la grève du zèle

5. la grève illimitée

6. le piquet de grève

7. la grève avec occupation

a. Cessation du travail par les salariés jusqu'à ce que ceux-ci décident de reprendre le travail.

b. Application exagérée des règlements qui entrave le bon fonctionnement de la production en la ralentissant.

c. Mise en place de barrages pour empêcher les non-grévistes de travailler

d. Cessation du travail pendant quelques heures

e. Prise de possession des locaux de l'entreprise par les grévistes

f. Requête adressée à une autorité pour formuler une plainte ou une demande

g. Concertation entre les salariés qui se relaient pour faire grève, afin de limiter les pertes de salaire et de façon à ce que les effectifs de travail ne soient jamais au complet.

1	2	3	4	5	6	7

4

Entourez le mot qui convient.

Les salariés de Fransyr multiplient les grèves alternatives

Les salariés de Fransyr ne désarment pas. Depuis le 23 novembre dernier, date de leur première **assemblée / réunion** générale, le **mouvement / front** de contestation enclenché par une centaine de techniciens se renforce.

La mise en œuvre d'une grève à la japonaise, qui s'est traduite par le port d'un **badge / brassard**, s'est révélée jusqu'alors plus médiatique qu'efficace. Tout comme le principe d'un **débrayage / embrayage** d'une heure deux fois par semaine, tous les mardis et jeudis. En outre, à la mi-décembre, la rencontre des **syndics / syndicats** avec les instances dirigeantes pour une ouverture des **négociations / parlementations** s'est soldée par un échec.

Depuis le 16 janvier dernier, 133 salariés grévistes ont **renouvelé / reconduit** le mouvement pour une durée de trois mois. « La **mobilisation / participation** des salariés est bien installée et, à moins d'une avancée spectaculaire, nous sommes déterminés à **fortifier / durcir** le mouvement avec de nouvelles actions, précise le **délégué / président** syndical de l'entreprise. Nous avons prévu dès cette semaine de distribuer régulièrement des **dépliants / tracts** sur les sites des principaux clients. »

Enfin, une **proclamation / pétition** listant les différentes **revendications / aspirations** a été mise en ligne pour les salariés de l'entreprise. Elle a réuni à ce jour 473 **volontaires / signataires**.

L'État souhaite mettre rapidement en place une table ronde réunissant tous les **collaborateurs / partenaires** sociaux afin de trouver au plus vite une solution à ce **conflit / combat**.

Sens propre et sens figuré

5

Complétez les phrases avec les mots ou expressions suivants employés au sens figuré.

as - atout - bluffer - dé - joker - hors-jeu - K.-O. - miser - quitte ou double - poids lourd

cf. manuel p. 43   Sens propre → *Zinedine Zidane fait allusion aux nombreux **cartons rouges** de sa carrière.*
                Sens figuré → *La direction du parti a sorti le **carton rouge** pour désapprouver les propos tenus par son candidat régional.*

1. Il a encore décroché un contrat. C'est un ....!

2. Le Président veut nommer un jeune Premier ministre issu de l'immigration et s'en servir comme .... pour remonter dans les sondages.

3. J'ai envoyé ma lettre de démission. Il n'y a plus rien à faire : les .... sont jetés.

4. Il a pris beaucoup de risques professionnels. De toute façon, dans la finance, on joue toujours sa carrière à ....

5. Il est doué, compétent et organisé. Mais son principal .... pour réussir, c'est certainement son culot.

6. Elle m'a dit que, si j'acceptais ce travail, elle me quitterait. Mais je crois qu'elle ....

7. Le débat de ce soir sera explosif. Il oppose deux .... de la politique française et chacun aura à cœur de mettre son adversaire ....

8. Je suis très étonné que ce candidat ait été élu. Je n'aurais pas .... un centime sur lui.

9. N'ayant pas su s'adapter aux nouvelles technologies, la société Marjor s'est elle-même mise .... et a disparu en quelques années de la scène internationale.

GRAMMAIRE

Les rapports temporels

f. manuel p. 43 **Depuis que** j'ai quitté les terrains, je rattrape mon retard scolaire.

6

Complétez les phrases avec les prépositions ou conjonctions suivantes. (Plusieurs réponses sont parfois possibles.)

dès (que) - avant (de / que) - après (que) - aussitôt (que) - depuis (que) - jusqu'à (ce que) - tandis (que) - alors (que)

1. .... postuler à ce poste, Thomas avait déjà tenté sa chance dans de nombreuses autres entreprises.

2. Il a envoyé une lettre de candidature .... il a lu l'annonce.

3. .... j'ai changé de bureau, mes maux de tête ont disparu.

4. .... le directeur est venu le voir, il est sorti de son bureau en claquant la porte.

5. .... Carole travaillait du matin au soir pour boucler le dossier, son directeur batifolait dans une piscine de quelque grand hôtel.

6. Personne ne connaissait cette anecdote .... le directeur fasse cette confidence.

7. Ils ont promis de continuer la grève .... leurs revendications aient été acceptées.

8. Il a pris contact avec un avocat .... il a appris que son entreprise allait le licencier.

9. .... votée la fin de la grève, tout le monde a regagné son poste.

Prépositions

7

Complétez, quand c'est nécessaire, avec une préposition. Attention aux contractions.

Après avoir agressé verbalement .... une de ses collègues, Mlle Pomeau a été convoquée .... le directeur qui lui a ordonné .... présenter ses excuses .... l'intéressée. Nous apprenons que Mlle Pomeau vient .... démissionner .... son poste. Cette décision suscite bien évidemment .... une vive émotion .... le personnel. Ceci nous amène .... nous inquiéter .... l'atmosphère générale dans notre société. On ne peut pas se contenter .... oublier l'affaire. C'est pourquoi la direction préconise .... la mise en place d'une enquête interne. Cette dernière reposera bien évidemment .... la libre volonté de chacun de répondre .... les questions. Cette enquête s'efforcera .... analyser .... les problèmes humains qui peuvent apparaître dans notre société et qui vont à l'encontre .... notre philosophie. Merci .... œuvrer .... le succès de cette entreprise !

Dites-le autrement

8

Reformulez les phrases librement.

manuel p. 40 **1.** 20 heures de train ont été nécessaires. *(3 reformulations)*

....

....

....

cf. manuel p. 40 **2.** Impossible de trouver des places assises entre Paris et Menton tellement il y avait de monde. *(1 reformulation)*

....

....

cf. manuel p. 45 **3.** Un écrivain public : « On fait de l'administratif comme du privé. » *(3 reformulations)*

....

....

....

Le participe présent

9

Reformulez les phrases avec un participe présent.

cf. manuel p. 49 Le sens de l'ascenseur social s'est inversé parce que les dispositifs de protection se dénaturent.
→ *Les dispositifs de protection **se dénaturant**, le sens de l'ascenseur social s'est inversé.*

1. À la fin des négociations, le représentant syndical, qui s'est rendu compte de ses erreurs, a décidé de démissionner.

....

....

2. Comme il savait pertinemment comment les élections syndicales finiraient, il a préféré s'abstenir de voter.

....

....

3. Nous recherchons pour ce poste au Brésil une personne qui ait l'esprit d'initiative.

....

....

4. Le directeur n'a pas pu se libérer en temps voulu pour la réunion du 15 mars et c'est son assistant qui l'a remplacé.

....

....

5. Il a dû abréger son voyage d'affaires parce qu'il s'est fait voler son portefeuille.

....

....

6. Je suis devenu pharmacien tout comme mon père et mon grand-père, parce que la tradition l'exigeait.

....

....

7. Les personnes qui n'ont pas encore arrêté la date de leurs congés annuels doivent le faire dans les meilleurs délais.

....

....

8. Bien qu'il n'ait pas compris un mot du discours de notre partenaire finlandais, il s'est montré très enthousiaste.

....

....

La mise en relief

10

Mettez l'information en relief comme dans l'exemple.

Exemple : <u>Je souhaite</u> qu'il y ait une véritable égalité entre les citoyens, quelle que soit leur origine.
→ *Ce que je souhaite, **c'est qu'**il y ait une véritable égalité entre les citoyens, quelle que soit leur l'origine.*

1. Je tiens à ce que personne ne soit victime de discrimination raciale dans notre République.

....

2. Il est nécessaire que l'école forme le socle culturel commun des élèves du primaire et du secondaire.

....

3. Nous avons besoin d'un grand élan national pour surmonter nos divisions.

....

4. « Liberté, Égalité, Fraternité » sont des valeurs à portée universelle ; j'ai toujours cru en cela.

....

5. Nous nous battons contre toutes les formes de corruption.

....

6. Avec la laïcité, nous disposons d'une tradition séculaire de séparation de l'Église et de l'État qui peut nous aider à résoudre les problèmes actuels.

....

....

Ne confondez pas

11

Complétez les phrases avec *tant* ou *autant*. Faites l'élision si nécessaire.

1. Il y avait .... de grévistes que la France était pour ainsi dire paralysée.

2. Il est de .... moins facile de juger le mouvement de Mai 68 que le contexte d'alors était complètement différent de celui d'aujourd'hui.

3. En .... que patron, mon père s'opposait à la grève.

4. Nos revendications portent .... sur les salaires que sur les conditions de travail.

5. Hormis quelques extrémistes, la base aspirait majoritairement à une issue rapide du conflit, ... le mouvement s'essoufflait.

6. .... qu'ils n'auront pas obtenu satisfaction, les employés maintiendront le piquet de grève.

7. La satisfaction des revendications compte tout .... que la manière dont les négociations se sont déroulées.

8. La direction vient d'accorder une augmentation de 4 % des salaires, mais les employés n'ont pas mis un terme à leur mouvement social pour ....

9. Les syndicalistes déclarent : « On n'aimerait rien .... que d'être enfin entendus par l'État et le patronat. »

10. Hier, à l'assemblée générale, il y avait .... de participants favorables à la reprise du travail qu'il y en avait eu au début pour voter la grève.

Style

| **La périphrase** est une figure de style qui consiste à remplacer un mot par sa définition ou par une expression plus longue mais équivalente.
Exemple : Le toit du monde → *l'Himalaya*

12

Dites ce que désignent les périphrases suivantes.

1. Le billet vert → ....
2. Le souverain pontife → ....
3. La messagère du printemps → ....
4. Le Vieux continent → ....
5. La bête à bon Dieu → ....
6. Le pays du soleil levant → ....
7. Le septième art → ....
8. La langue de Molière → ....
9. La Ville Lumière → ....
10. La Dame de fer → ....
11. La ville rose → ....
12. L'or noir → ....
13. La perle de l'Orient → ....
14. L'ermite de Croisset → ....
15. L'homme du 18 juin → ....
16. Le paquebot des airs → ....
17. La Venise de la Baltique → ....
18. L'auteur de mes jours → ....
19. La cité phocéenne → ....
20. L'île de beauté → ....

13

À votre tour, trouvez des périphrases.

1. Le Mont-Blanc → ....
2. L'anglais → ....
3. La télévision → ....
4. Le lion → ....
5. Les Champs-Élysées → ....
6. L'Amérique → ....
7. Rome → ....
8. Bagdad → ....
9. Louis XIV → ....

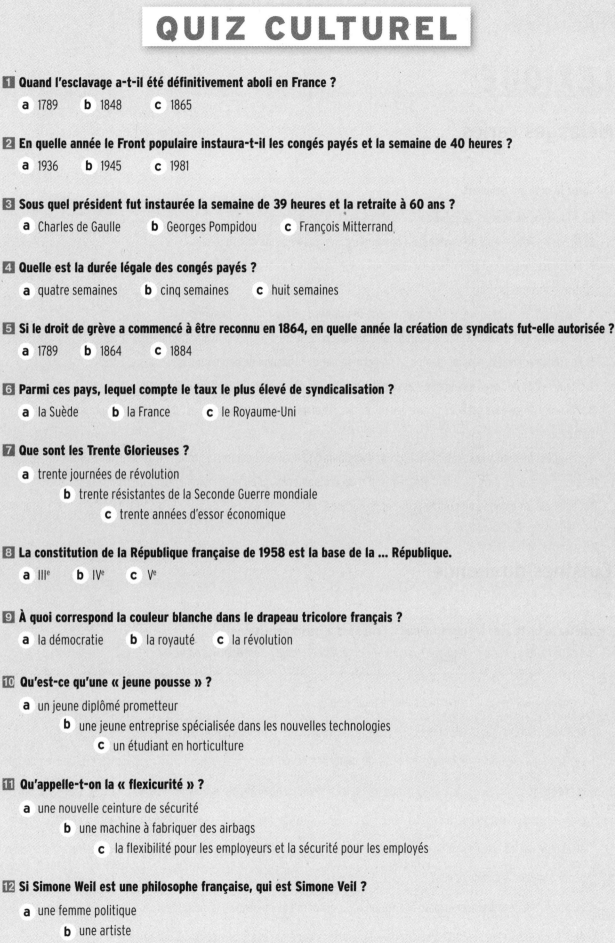

QUIZ CULTUREL

1 **Quand l'esclavage a-t-il été définitivement aboli en France ?**

   a 1789   **b** 1848   **c** 1865

2 **En quelle année le Front populaire instaura-t-il les congés payés et la semaine de 40 heures ?**

   a 1936   **b** 1945   **c** 1981

3 **Sous quel président fut instaurée la semaine de 39 heures et la retraite à 60 ans ?**

   a Charles de Gaulle   **b** Georges Pompidou   **c** François Mitterrand

4 **Quelle est la durée légale des congés payés ?**

   a quatre semaines   **b** cinq semaines   **c** huit semaines

5 **Si le droit de grève a commencé à être reconnu en 1864, en quelle année la création de syndicats fut-elle autorisée ?**

   a 1789   **b** 1864   **c** 1884

6 **Parmi ces pays, lequel compte le taux le plus élevé de syndicalisation ?**

   a la Suède   **b** la France   **c** le Royaume-Uni

7 **Que sont les Trente Glorieuses ?**

   a trente journées de révolution

   b trente résistantes de la Seconde Guerre mondiale

   c trente années d'essor économique

8 **La constitution de la République française de 1958 est la base de la ... République.**

   a IIIᵉ   **b** IVᵉ   **c** Vᵉ

9 **À quoi correspond la couleur blanche dans le drapeau tricolore français ?**

   a la démocratie   **b** la royauté   **c** la révolution

10 **Qu'est-ce qu'une « jeune pousse » ?**

   a un jeune diplômé prometteur

   b une jeune entreprise spécialisée dans les nouvelles technologies

   c un étudiant en horticulture

11 **Qu'appelle-t-on la « flexicurité » ?**

   a une nouvelle ceinture de sécurité

   b une machine à fabriquer des airbags

   c la flexibilité pour les employeurs et la sécurité pour les employés

12 **Si Simone Weil est une philosophe française, qui est Simone Veil ?**

   a une femme politique

   b une artiste

   c une chanteuse engagée des années 1930

LEXIQUE

Mélanges variés

1

Entourez le mot qui convient.

1. Le foie gras **se marie** / **se joint** parfaitement à la cuisine japonaise.

2. La *Fusion Food* essaie de **confondre** / **combiner** différents types de gastronomies.

3. En France, le café est toujours servi avec une petite cuillère : il est d'usage de **touiller** / **mixer** son café pour que le sucre se dissolve correctement.

4. Pour réaliser cette soupe, il est nécessaire de **fusionner** / **mixer** tous les légumes.

5. La recette indique qu'il faut bien **combiner** / **mélanger** le sucre et la farine avant d'ajouter les œufs.

6. La France connaît depuis longtemps un vrai **croisement** / **brassage** de populations.

7. Il faut cesser de faire l'**amalgame** / **assemblage** entre la ville de Vichy et le régime de Vichy.

8. L'histoire de ce pays est si complexe, les fils y sont si **emmêlés** / **mélangés** qu'il est difficile de comprendre les raisons de ce conflit.

9. Les gouvernements ont préféré **incorporer** / **assimiler** de nouvelles clauses au traité qu'ils sont sur le point de signer.

10. Les chiens de ce pays semblent être le résultat **de croisements** / **d'alliages** innombrables et incontrôlés.

11. L'acier est **un alliage** / **une union** de fer et de carbone.

Cuisines du monde

2

Complétez le texte avec les mots suivants. Faites les accords nécessaires.

saveur - texture - terroir - pratique - malbouffe - ingrédient - goût - sensoriel - produit

Le mouvement général de mondialisation a touché les .... (1) alimentaires avec l'apparition de

la *World Food* et l'intérêt pour les .... (2) « venus d'ailleurs ».

Les produits exotiques répondent au désir de nouvelles expériences .... (3), tant en ce qui

concerne le .... (4) (épices, saveurs) que l'apparence ou la .... (5).

L'ouverture aux nouvelles .... (6) se heurte à la crainte d'une perte de l'identité culinaire,

alimentée par les discours sur la « .... (7) ». C'est pourquoi on constate parallèlement un regain

d'intérêts pour les produits du .... (8).

La *World Food* tend à laisser la place à la *Fusion Food*, qui permet le mélange des goûts, des .... (9)

et des origines culinaires ; elle s'inscrit dans la tendance générale à la « cuisine d'assemblage ».

Hébergement

3

Lisez le texte. Puis complétez le tableau avec les synonymes trouvés dans le texte.

Le *couch surfing*, qu'est-ce que c'est ?

Vous avez un divan, un lit d'appoint ou même assez de place sur le sol de votre salon pour placer un duvet ? Alors vous êtes prêt pour « *couch surfer* » des hôtes venant des quatre coins du monde !

Le *couch surfing* signifie littéralement « *surfing* du canapé », c'est-à-dire passer d'un canapé à l'autre. Cette pratique consiste à accueillir, de façon plus ou moins sommaire, une ou plusieurs personnes en offrant pour une nuit votre canapé, un endroit pour planter la tente, une chambre avec commodités ou pourquoi pas un simple café, moment au cours duquel vous indiquerez à votre hôte les bonnes adresses de votre région... Les règles du *couch surfing* ne sont pas vraiment définies et c'est ce qui en fait le charme !

L'hébergement peut se faire en échange d'une faible rétribution – ou pourquoi pas gratuitement – juste dans le but de faire des rencontres ou bien d'être reçu à son tour un peu plus tard.

Même si cela peut y faire penser, cela n'a rien à voir avec les gîtes ruraux ou les chambres d'hôtes. Le *couch surfing* est moins institutionnalisé, professionnalisé, réglementé.

Pas d'agencement obligatoire, c'est uniquement un moyen de faire en sorte que les gens échangent leurs cultures. Lorsqu'une personne héberge quelqu'un, ce n'est pas comme à l'hôtel, elle doit se rendre disponible et se faire guide touristique à l'occasion. De plus, le *couch surfing* peut se pratiquer partout, en ville comme à la campagne, alors que les gîtes et autres chambres d'hôtes se trouvent le plus souvent loin des zones urbaines. Il s'agit bien de deux systèmes d'hébergement différents avec chacun leurs avantages.

1. salle de bains, toilettes	**a.**
2. sac de couchage	**b.**
3. aménagement	**c.**
4. rudimentaire	**d.**
5. supplémentaire	**e.**
6. rémunération	**f.**
7. visiteur	**g.**
8. loger	**h.**

La cause

4

Complétez les phrases avec les mots suivants. Faites les accords nécessaires.

fondement - facteur - raison - motif - germe - moteur - prétexte - origine

1. Les employés de l'agence de voyage ont saisi le .... de la pénibilité croissante de leur travail pour demander une augmentation.

2. Elle avait toujours eu peur de se rendre dans ce quartier. En réalité, ses craintes étaient sans ....

3. Ce secteur en bord de mer est préservé de toute invasion touristique ; la .... en est qu'un plan de protection du littoral a rendu impossible l'implantation à grande échelle d'infrastructures hôtelières.

4. Dans la majorité des cas, c'est la mauvaise situation économique ou politique d'un pays qui est à l'...................................... de l'émigration d'une partie de sa population.

5. Les .... de discorde ont été nombreux et variés durant le voyage et l'ambiance n'a donc pas toujours été au beau fixe !

6. Toute civilisation porte en elle les .... de sa décadence.

7. Gravir les sommets, aller toujours plus loin, plus haut ; c'est ce dépassement de soi qui a été le ....
de sa vie.

8. L'un des .... de réussite d'une expédition, c'est le temps consacré à sa préparation.

5

Complétez les phrases avec *De quel droit, À quel titre, À quoi bon, Comment se fait-il, À quoi tient*.

1. .... la fascination de certaines personnes pour l'inconnu ?

2. .... nous, peuples « civilisés », avons-nous réduit en esclavage des populations entières ?

3. .... ce footballeur a-t-il été reçu à l'Élysée ?

4. .... partir à l'autre bout du monde quand on est si bien chez soi !

5. .... que vous ne soyez encore jamais allé aux États-Unis ?

GRAMMAIRE

Opposition, concession et restriction

6

Comme dans l'exemple, reliez les phrases en employant chaque expression entre parenthèses.

Exemple : Ils ont essayé de dialoguer avec les villageois. Ceux-ci les évitaient. (→ **quoique / malgré**)
→ *Quoiqu'ils aient essayé de dialoguer avec les villageois, ceux-ci semblaient les éviter.*
→ *Malgré leurs tentatives de dialoguer avec les villageois, ceux-ci semblaient les éviter.*

1. On nous promet de l'aide. On ne voit rien arriver. (→ **bien que / en dépit de / avoir beau**)

→ ....

→ ....

→ ....

2. On nous a enseigné le français. Notre niveau est insuffisant. (→ **quoique / même si**)

→ ....

→ ....

3. Je pourrais parler parfaitement cette langue. J'aurai toujours un accent. (→ **quand bien même / même si**)

→ ....

→ ....

4. Quand elle a annoncé vouloir faire le tour du monde, ses parents ne se sont pas fâchés : ils ont approuvé. (→ **au contraire /
loin de**)

→ ....

....

→ ....

....

5. Il ne pleut pas. On ira visiter le jardin botanique demain. (→ **sauf si / à moins que**)

→ ....

→ ....

6. On ne connaît rien de la vie de ce couple mixte. Ils ont eu deux enfants. (→ **si ce n'est / sauf que**)

→ ....

→ ....

7. Hugo ne va pas accepter ce travail à Madrid. Il pourrait le regretter plus tard. (→ **quand bien même / quitte à**)

→ ....

....

→ ....

....

8. Cette ville est très agréable à vivre. On peut critiquer le manque de transports en commun. (→ **encore que / cependant**)

→ ....

....

→ ....

....

7

Conjuguez les verbes aux temps et mode qui conviennent. Puis soulignez dans le texte les mots ou expressions exprimant l'opposition ou la concession.

La nuit .... (tomber) lorsque nous .... (entrer) dans le port de Saint-Jean-d'Acre. [...] Au-delà d'un horizon de quelques lieues .... (se découper) les cimes de l'Anti-Liban qui .... (s'abaisser) à gauche, tandis qu'à droite .... (s'élever) et .... (s'étager) en croupes hardies la chaîne du Carmel qui .... (s'étendre) vers la Galilée. [...]

Le pacha .... (demeurer) hors de la ville, dans un kiosque d'été situé près des jardins d'Abdallah [...]. Sous le péristyle, au bas de l'escalier, ... (être) un amas immense de babouches, laissées à mesure par les entrants. Le *serdarbachi* qui me .... (recevoir) .... (vouloir) me faire ôter mes bottes ; mais je m'y .... (refuser), ce qui .... (donner) une haute opinion de mon importance. [...] On avait, du reste, remis au pacha la lettre dont j'.............................. (être chargé), et il .... (donner) ordre de me faire entrer, bien que ce ne .... (être) pas mon tour. Ici l'accueil .... (devenir) plus cérémonieux. Je .... (s'attendre) déjà à une réception européenne mais le pacha .... (se borner) à me faire asseoir près de lui sur un divan qui .... (entourer) une partie de la salle. Il .... (affecter) de ne parler qu'italien, bien que je l'.............................. (entendre) parler français à Paris [...]. La conversation .... (se prolonger) sans que le pacha m'.............................. (offrir) autre chose que du café sans sucre et de la fumée de tabac. [...] Midi .... (sonner) à une pendule

>>>

placée au-dessus de ma tête, elle .... (commencer) un air ; une seconde .... (sonner) presque aussitôt et .... (commencer) un air différent ; une troisième et une quatrième .... (débuter) à leur tour, et il en .... (résulter) le charivari que l'on .... (pouvoir) penser. Si habitué que je .... (être) aux singularités des Turcs, je ne..................................... (pouvoir) comprendre que l'on .... (réunir) tant de pendules dans la même salle. [...] On .... (apporter) des chaises et une table haute, au lieu de retourner un tabouret et de poser dessus un plateau de métal et des coussins autour, comme cela .... (se faire) d'ordinaire. Je .... (sentir) tout ce qu'il y .... (avoir) d'obligeant dans le procédé du pacha, et toutefois, je l'......................... (avouer), je .... (ne pas aimer) ces coutumes de l'Europe envahissant peu à peu l'Orient ; je .... (se plaindre) au pacha d'être traité par lui en touriste vulgaire.

« Vous .... (venir) bien me voir en habit noir !... » me .... (dire)-il. La réplique .... (être) juste ; pourtant je .... (sentir) bien que j'......................... (avoir) raison. Quoi que l'on .... (faire), et si loin que l'on .... (pouvoir) aller dans la bienveillance d'un Turc, il .... (ne pas falloir) pas croire qu'il .... (pouvoir) y avoir tout de suite fusion entre notre façon de vivre et la sienne.

D'après Gérard de Nerval, *Voyage en Orient*, Tome 2, « Séjour au Liban », 1851

Temps et modes

8

Conjuguez les verbes aux temps et mode qui conviennent.

Le 29 octobre à neuf heures, nous .... (ne plus être) qu'à cinquante lieues de New York. Les matelots .... (se mettre) à préparer les ancres, à les placer sur le rebord de la proue. À trois heures, nous................................... (être) à 72°21'. Long Island .... (être) à cinq lieues à notre droite. Les premiers messagers américains qui .... (venir) à bord furent trois papillons noirs qui .... (voltiger) dans nos manœuvres. Nous .... (découvrir) enfin, avant que le jour .... (tomber), Long Island, comme un ruban nuageux à l'horizon. Ce petit nuage .... (être) suffisant pourtant pour faire une impression singulière sur les passagers qui .... (ne voir) que ciel et eau pendant trente jours. [...] La lune, qui................................... (se lever) brillante, ... (éclairer) une mer légèrement ridée par le vent où nous .... (compter) dix-neuf voiles autour de nous. Nous .... (avoir) avant dans la nuit promenade générale sur le pont, bruyante de gaieté.

D'après Jean-Pierre Guéno et Jérôme Pecnard, *Cher pays de mon enfance - Paroles de déracinés*, Éd. Les Arènes, 2005

Dites-le autrement

9

Reformulez les phrases en utilisant l'expression donnée. Puis proposez une autre formulation possible.

manuel p. 54 **1.** Compte tenu de ce que chaque société structure différemment le cycle de vie, que se passe-t-il lorsque deux personnes de sociétés différentes joignent leurs existences pour fonder un foyer ? (→ **étant donné que**)

→ ....

....

→ ....

....

manuel p. 54 **2.** Le passage à l'âge adulte se fait, pour un ou une Belge, par l'entrée dans la vie active, alors que pour un Zaïrois ou une Zaïroise, c'est la procréation qui le concrétise. (→ **à la différence de**)

→ ....

....

→ ....

....

manuel p. 54 **3.** Le rôle de l'homme et de la femme aussi bien que celui de l'enfant change d'une société à l'autre. (→ **comme**)

→ ....

....

→ ....

....

manuel p. 56 **4.** Le consommateur a refusé les plats standardisés et n'a eu de cesse de réclamer de la diversité. (→ **toujours**)

→ ....

....

→ ....

....

Style

| **La comparaison** rapproche deux choses qui ont une ressemblance. Ce rapprochement s'effectue à l'aide d'un mot de comparaison (par exemple *comme*).

manuel p. 53 L'argent se dépose dans un coffre percé d'une ouverture, **comme une tirelire**, et placé près de la porte.

10

Associez.

1. Je suis rouge   **a.** comme un linge.

2. La Terre est bleue   **b.** comme un coing. (Honoré de Balzac)

3. Il est blanc   **c.** comme un bœuf écorché. (Jean-Paul Sartre)

4. Elle a des cheveux noirs   **d.** comme l'ébène.

5. Madame Grandet était une femme sèche et maigre, jaune   **e.** comme une orange. (Paul Éluard)

La métaphore est une comparaison elliptique, sans terme comparatif. Elle consiste souvent à remplacer un terme abstrait par un terme concret qui prend alors un sens figuré.
Par exemple, le mot *flamme* est une métaphore courante pour désigner l'amour.
Quand une métaphore se prolonge sur plusieurs lignes ou tout au long d'un texte, on parle de métaphore filée.

11

Identifiez les métaphores, puis expliquez-les.

> Dans l'océan de ta chevelure, j'entrevois un port fourmillant de chants mélancoliques, d'hommes vigoureux de toutes nations et de navires de toutes formes découpant leurs architectures fines et compliquées sur un ciel immense où se prélasse l'éternelle chaleur. [...]
>
> Dans l'ardent foyer de ta chevelure, je respire l'odeur du tabac mêlé à l'opium et au sucre ; dans la nuit de ta chevelure, je vois resplendir l'infini de l'azur tropical ; sur les rivages duvetés de ta chevelure je m'enivre des odeurs combinées du goudron, du musc et de l'huile de coco.
>
> Charles Baudelaire, *Le Spleen de Paris*, 1869

....

....

....

....

....

....

12

Lisez le texte, puis identifiez les comparaisons et les métaphores.

> *Le narrateur évoque la plaine de Beauce au printemps.*
> Les tiges grandirent encore, et ce fut la mer, la mer des céréales, roulante, profonde, sans bornes [...].
> À mesure que montait le soleil, dans l'air limpide, une brise soufflait par grandes haleines régulières, creusant les champs d'une houle, qui partait de l'horizon, se prolongeait, allait mourir à l'autre bout. [...]
> Continuellement, une ondulation succédait à une autre, l'éternel flux battait sous le vent du large. Quand le soir tombait, des façades lointaines, vivement éclairées, étaient comme des voiles blanches, des clochers émergeant plantaient des mâts, derrière des plis de terrain. Il faisait froid, les ténèbres élargissaient cette sensation humide et murmurante de pleine mer, un bois lointain s'évanouissait, pareil à la tache perdue d'un continent.
>
> Émile Zola, *La Terre*, 1887

Comparaisons	Métaphores
....	....
....	....
....	....
....	....
....	....
....	....

QUIZ CULTUREL

1 Quel explorateur est célèbre pour avoir fait connaître les profondeurs océaniques ?

a Roger Frison-Roche **b** Jacques-Yves Cousteau **c** Théodore Monod

2 Dans un roman de Jules Verne, en combien de jours doit être réalisé le tour du monde ?

a 60 **b** 80 **c** 100

3 Quel navigateur et explorateur français a découvert le Canada ?

a Antoine de Bougainville **b** Jules Dumont d'Urville **c** Jacques Cartier

4 Parmi ces plats, lequel n'est pas un plat régional français ?

a la choucroute **b** la bouillabaisse **c** le cassoulet **d** le couscous

5 Parmi ces mots, lequel ne désigne pas un vêtement ?

a une babouche **b** un sarouel **c** un tajine **d** un kimono
e un boubou **f** un jean **g** une djellaba **h** un paréo

6 Quelle capitale tient son nom d'un explorateur ?

a Brazzaville **b** Dakar **c** Pretoria

7 Quel est le pays le plus visité par les touristes ?

a la France **b** l'Espagne **c** les États-Unis

8 Quel est le monument payant le plus visité au monde ?

a Notre-Dame de Paris **b** l'Acropole **c** la tour Eiffel

9 Quelle est la personnalité française qui a popularisé le terme de « malbouffe » ?

a José Bové **b** Jacques Chirac **c** Daniel Cohn-Bendit

10 Lequel de ces livres n'est pas un guide touristique ?

a le guide rouge Michelin **b** le guide du routard **c** le guide bleu

11 Quel écrivain français a écrit un roman épistolaire dans lequel deux Persans racontent leur séjour à Paris au XVIIe siècle ?

a Voltaire **b** Victor Hugo **c** Montesquieu

12 Quel poète français a cessé son activité littéraire à 20 ans pour mener une vie aventureuse ?

a Guillaume Apollinaire **b** Charles Baudelaire **c** Arthur Rimbaud

LEXIQUE

Diplômes et filières

1

Complétez et associez.

1. CP = cours p...

2. BTS = b... de technicien supérieur

3. ENA = école nationale d'a....................................

4. ZEP = zone d'éducation p.....................................

5. réforme LMD = « L................................... – Master – Doctorat »

6. CAP = c................................. d'aptitude professionnelle

7. IUT = i............................... universitaire de technologie

8. IEP = institut d'é..................................... politiques

a. Établissement d'enseignement supérieur qui relève d'une université et qui offre des formations techniques ou technologiques.

b. Grande école chargée d'assurer la sélection et la formation de hauts fonctionnaires français.

c. Établissement public d'enseignement supérieur français dans le domaine des sciences sociales et politiques et des relations internationales.

d. Propose une formation spécialisée deux ans après le baccalauréat pour devenir ouvrier ou employé qualifié dans un métier déterminé. Ce diplôme a pour objectif une insertion professionnelle rapide.

e. Diplôme qui prépare à une fonction d'ouvrier ou d'employé qualifié dans un métier déterminé. La formation de deux ans se fait après la classe de troisième en lycée professionnel ou en centre de formation d'apprentis.

f. Première classe de l'école primaire française

g. Ensemble de mesures modifiant le système d'enseignement supérieur français pour l'adapter aux standards européens.

h. Zone dans laquelle sont situés des établissements scolaires dotés de moyens supplémentaires et d'une plus grande autonomie pour faire face à des difficultés d'ordre scolaire et social.

1	2	3	4	5	6	7	8

2

Complétez les textes suivants avec les mots qui conviennent. Faites les accords et élisions nécessaires.

Texte n° 1

instruction – réussite – établissement – cursus – concours – particulier – débouché – séjour – diplômé – option – filière – préparatoire

La scolarité peut revêtir différents visages. Pour les parents ambitieux, les études apparaissent comme une compétition, une course d'obstacles au cours de laquelle rien ne doit être laissé au hasard. Obsédés par les taux de ....(1) des écoles, ils veillent à placer leurs enfants dans les meilleurs ....(2) puis dans les bonnes classes, et ce en choisissant les bonnes ....(3).

Ces parents peuvent imposer aussi toutes sortes de cours .... (4), de .... (5) linguistiques : ils ne se contentent pas de ce que leur offre l'Éducation nationale, à savoir la « .... (6) gratuite pour tous ». Ainsi se développe ce qu'on appelle le « consumérisme scolaire ».

Une fois le bac en poche, il faut choisir le bon .... (7). Les parents se doivent de déconseiller aux jeunes bacheliers les .... (8) offrant peu de .... (9). L'idéal étant d'être accepté, sur dossier, dans une classe .... (10) aux grandes écoles, et ensuite de bûcher pour préparer les .... (11) des grandes écoles, pour lesquels la sélection est très rude.

Les .... (12) des grandes écoles sont assurés de trouver un bon travail.

Texte n° 2

absentéisme - enseignant - capital - orientation - lacune - scolaire - illettrisme - échec - redoubler

Pour des parents peu informés ou peu enclins à pousser leurs enfants dans le domaine .... (1), les études revêtent un tout autre visage. L'enfant peut se retrouver dans un collège où bon nombre d'élèves sont en difficulté, avec des .... (2) évidentes, notamment dans leur maîtrise de la langue française, certains élèves souffrant même de .... (3). Les enfants ne sont pas motivés et le .... (4) est très important, ce qui décourage les .... (5). Beaucoup d'enfants se voient condamnés à .... (6) et se retrouvent en situation de .... (7) scolaire.

On le voit, le rôle d'ascenseur social tenu traditionnellement par l'école ne profite qu'aux parents disposant du « .... (8) culturel » suffisant pour éventuellement pallier les défaillances du système scolaire et pour veiller à la bonne .... (9) de leurs enfants.

La correspondance

3

Reconstituez trois formules de politesse à partir des éléments suivants. (Plusieurs réponses sont possibles.)

recevoir - agréer - Je vous prie de - ma respectueuse considération - l'expression de - Veuillez - en - croire - mes salutations distinguées - l'assurance de - Monsieur - Madame - mes sentiments les meilleurs

1. ....
....
....

2. ....
....
....

3. ....
....
....

4

Rétablissez la logique de la lettre en mettant les mots soulignés à la bonne place. Faites les accords nécessaires.

Monsieur,

Suite à notre <u>courrier</u> (...) téléphonique du 16 décembre, j'ai le plaisir de vous annoncer que votre <u>assurance</u> (...) au poste de vacataire est retenue pour la période du 2 février 2011 au 31 janvier 2012.

Vous aurez en charge la <u>candidature</u> (...) d'articles pour notre <u>présente</u> (...) « Le magazine de l'éducation ».

La rémunération pour chaque commande est fixée à 78 euros <u>ci-joints</u> (...). Cette somme sera versée <u>dans l'attente d'</u> (...) acceptation de vos travaux par le comité éditorial.

Si ces conditions vous conviennent, je vous saurais gré de faire parvenir à madame Lupin, par retour de <u>rédaction</u> (...), le double de la <u>revue</u> (...), daté, signé et précédé de la mention « bon pour <u>entretien</u> (...) ».

Veuillez aussi trouver <u>brut</u> (...) le règlement intérieur de l'entreprise.

<u>Sous réserve de</u> (...) vous rencontrer, je vous prie d'agréer, Monsieur, l'<u>accord</u> (...) de mes sentiments distingués.

Le but

5

a) Complétez le texte avec les verbes suivants.

s'employer à - empêcher de - s'évertuer à - aspirer à

Depuis toujours j' .... (1) plus de justice et, en tant que ministre de l'Éducation nationale, je .... (2) améliorer la qualité de l'enseignement dispensé, et ce dans tous les établissements de la République. Quant à ceux qui .... (3) critiquer la politique gouvernementale, je leur répondrai que rien ne pourra nous .... (4) réaliser ce pour quoi nous avons été élus.

b) Même consigne. Utilisez cette fois :

s'attacher à - s'efforcer de - faire l'impossible pour - rêver de

Depuis toujours je .... (1) plus de justice et en tant que ministre de l'Éducation nationale je .... (2) améliorer la qualité de l'enseignement dispensé, et ce dans tous les établissements de la République. Quant à ceux qui .... (3) critiquer la politique gouvernementale, je leur répondrai que nous .... (4) réaliser ce pour quoi nous avons été élus.

GRAMMAIRE

Le mode infinitif

6

Reliez les phrases en employant un infinitif, comme dans l'exemple.

Exemple : Je me suis trompé d'orientation. J'en suis convaincu.
→ *Je suis convaincu de m'**être trompé** d'orientation.*

1. Je t'ai dérangé en pleines révisions. Je m'en excuse.

....

2. À l'annonce des résultats, je me suis énervée. Pardonnez-moi.

....

3. Le professeur ne vous a pas reconnu. Il en est confus.

....

4. Nous ne vous avons pas prévenus assez tôt du report des examens. Nous en sommes désolés.

....

5. Ils ont étudié dans la même université. Ils en sont certains.

....

6. Vous a-t-il convaincu lors de l'épreuve orale ? Il en doute.

....

7. Vous étiez là pour me soutenir. Je vous en remercie.

....

7

Réécrivez les phrases suivantes en utilisant, selon le cas, un infinitif ou une proposition subordonnée. (Les deux constructions sont parfois possibles.)

Exemple : Elle ne sacrifie pas ses enfants à sa carrière, elle l'affirme.
→ *Elle affirme qu'elle ne sacrifie pas ses enfants à sa carrière.*
→ *Elle affirme ne pas sacrifier ses enfants à sa carrière.*

1. Il accèdera rapidement aux plus hautes fonctions au sein de l'entreprise, il l'espère.

....

2. Cet élève peut réussir ; il le sait.

....

3. Il a participé à cette réunion. Il le dément.

....

4. Durant l'examen oral, il faiblissait, il le sentait.

....

5. L'examinateur prenait un malin plaisir à me contredire. On le voyait bien.

....

6. Il serait parmi les dix premiers à ce concours. Nous en doutons.

....

7. Vous avez dû quitter la conférence, je le regrette.

....

8. J'ai renvoyé mon dossier dans les temps. J'en suis sûre.

....

8

Reformulez les phrases en utilisant une construction à l'infinitif. Attention à la voix passive.

Exemple : En ce qui concerne l'obtention de votre bourse, je vous promets **que j'interviendrai** en votre faveur.
→ *En ce qui concerne l'obtention de votre bourse, je vous promets **d'intervenir** en votre faveur.*

1. Les syndicats étudiants ont demandé que le recteur les reçoive au plus tôt.

....

2. Cet enseignant est très autoritaire avec ses étudiants : il ne permet pas qu'ils sortent avant la fin du cours.

....

3. Je crains que la réponse du professeur ne me déçoive.

....

4. « Par retour de courrier » signifie qu'il faut que tu répondes le plus vite possible.

....

5. Il suffit qu'il soit là pour que tous les élèves fassent silence.

....

6. Pour réussir ce concours, que faut-il que je fasse ?

....

Le but

9

Complétez les phrases librement.

1. Les ZEP (zones d'éducation prioritaires) ont été crées :

- afin de ....

- pour que ....

- dans le souci de ....

2. Certains parents contournent la carte scolaire et recourent à des subterfuges :

- de peur que...

- dans le seul but de ....

3. Le CV anonyme ne donne pas le nom du candidat :

- de sorte que ....

- de manière à ....

Ne confondez pas

10

Remplacez les mots et expressions soulignés par *en effet, en fait de, en fait, de ce fait, dans les faits.*

Mesdames, messieurs,

Vous proposez, en ordre du jour, d'évoquer le problème de l'attribution des primes annuelles. En réalité (1), je préférerais qu'on aborde celui de l'égalité de traitement entre les hommes et les femmes car, concrètement (2), elle n'est pas encore réalisée. Je m'explique (3) : vous n'êtes pas sans savoir qu'il existe encore certaines discriminations en matière d'embauche, une différenciation aussi en ce qui concerne (4) la rémunération et le déroulement de carrière. Par conséquent, (5) nous sommes en droit de poursuivre nos dirigeants qui encourent des sanctions civiles et pénales pour ce non-respect de l'égalité homme/femme.

Thierry, délégué du personnel

1. ....
2. ....
3. ....
4. ....
5. ....

Style

Le calembour est une forme de jeu de mots. Il repose sur des mots qui se ressemblent par le son mais diffèrent par le sens.
Exemple : Je vous remercie pour votre **bon thé**. (→ bonté)

11

Cochez les phrases qui contiennent un calembour. Puis expliquez-en le mécanisme.

1. ❑ « Dame cherche nourrice aveugle pour enfant qui braille. » (Pierre Dac)

2. ❑ « Ne prenez pas la vie trop au sérieux, de toute façon vous n'en sortirez pas vivant ! » (Fontenelle)

3. ❑ Elle était bonne pour moi ma mère, c'était une mère veilleuse.

4. ❑ « Le verbe *aimer* est difficile à conjuguer : son passé n'est pas simple, son présent n'est qu'indicatif, et son futur est toujours conditionnel. » (Jean Cocteau)

5. ❑ « On ne perd rien à être poli. Si, sa place dans le métro. » (Tristan Bernard)

6. ❑ « Mourir : se mettre au vers. » (Raymond Queneau)

7. ❑ « Auteur dramatique échangerait pièce en quatre actes contre trois pièces et cuisine. » (Pierre Dac)

8. ❑ « Cèderait bombe à retardement. Très très urgent ! » (Pierre Dac)

9. ❑ « La France est un pays extrêmement fertile, on y plante des fonctionnaires et il y pousse des impôts. » (Clémenceau)

10. ❑ « - Il me faut, disons le mot, 50 000 francs...

    - Par mois ?

    - Par vous ou par un autre ! » (Sacha Guitry)

11. ❑ « La mort est un manque de savoir-vivre. » (Francis Blanche)

12. ❑ « Méditation : les idées se sont heurtées à la paroi de mon crâne et je les ai pansées. » (Raymond Queneau)

13. ❑ L'amour : on s'enlace puis un jour on s'en lasse.

Calembour n°	Mécanisme
....	....
....	....
....	....
....	....
....	....
....	....
....	....
....	....
....	....

12

Jeu : Monsieur et madame... ont un fils

« Monsieur et madame... ont un fils » est le nom donné à une série de blagues. Il s'agit de faire deviner le prénom s'associant à un nom de famille (le plus souvent fictif), et formant ainsi un calembour par homophonie stricte ou approximative.

Exemple : – Monsieur et madame Ate ont un fils, comment l'appellent-ils ?

       – Tom ! → *Tomate*

À vous ! Trouvez les bons prénoms parmi la liste suivante. Puis donnez le mot ou la phrase ainsi formé(e).

Alain - Ana - Paul - Teddy - Alex - Nathan - Candy - Sacha - Harry

1. – Monsieur et madame Touille ont un fils, comment l'appellent-ils ?

  – .... → ....

2. – Monsieur et madame Tron ont un fils, comment l'appellent-ils ?

  – .... → ....

3. – Monsieur et madame Co ont un fils, comment l'appellent-ils ?

  – .... → ....

4. – Monsieur et madame Rien-Demoi ont un fils, comment l'appellent-ils ?

  – .... → ....

5. – Monsieur et madame Fissile ont un fils, comment l'appellent-ils ?

  – .... → ....

6. – Monsieur et madame Conda ont une fille, comment l'appellent-ils ?

  – .... → ....

7. – Monsieur et madame Térieur ont deux fils, comment les appellent-ils ?

  – .... → ....

8. – Monsieur et madame Raton ont une fille, comment l'appellent-ils ?

  – .... → ....

QUIZ CULTUREL

1 **Remettez dans l'ordre ces étapes du parcours scolaire.**

le lycée – l'école maternelle – le collège – l'école primaire

....

2 **S'il ne redouble pas, un élève de 6ᵉ se retrouvera l'année suivante en :**

a 5ᵉ   **b** 7ᵉ   **c** Terminale

3 **Le baccalauréat existe depuis :**

a 1789   **b** 1808   **c** 1945

4 **Il existe plusieurs types de baccalauréats. Lequel n'existe pas ?**

a le baccalauréat général   **c** le baccalauréat professionnel

b le baccalauréat élémentaire   **d** le baccalauréat technique

5 **Les deux plus prestigieux lycées parisiens portent chacun le nom d'un personnage historique. Cochez-les dans la liste suivante.**

☐ Louis-le-Grand   ☐ Robespierre   ☐ Henri IV   ☐ Louis Philippe   ☐ Danton   ☐ Louis XIV

6 **La Sorbonne a été créée au :**

a XIᵉ siècle   **b** XIIIᵉ siècle   **c** XVᵉ siècle

7 **À l'origine, quelle discipline était enseignée à la Sorbonne ?**

a le droit   **b** la philosophie   **c** la théologie

8 **À Paris, dans quel quartier trouve-t-on le plus d'universités ?**

a Pigalle   **b** Montmartre   **c** le quartier Latin

9 **Parmi ces établissements, lequel n'est pas une grande école ?**

a Polytechnique   **b** Sciences Po   **c** le Collège de France

10 **Comment appelle-t-on familièrement les élèves d'une classe préparatoire littéraire ?**

a des têtes   **b** des fayots   **c** des khâgneux

11 **Pour devenir médecin ou avocat, quel type d'établissement supérieur doit-on fréquenter ?**

a une grande école   **b** une université   **c** un IUT

12 **Quel grand sociologue français pense que l'école permet la légitimation de la reproduction sociale ?**

a Pierre Bourdieu   **b** Émile Durkheim   **c** Auguste Comte

13 **Quelle femme fut nommée Premier ministre de la France en 1991 ?**

a Simone Veil   **b** Édith Cresson   **c** Ségolène Royal

LEXIQUE

Jargon européen

1

Associez chaque mot ou expression à sa définition.

1. acquis communautaire
2. codécision (procédure de)
3. critères de convergence
4. élargissement
5. approfondissement
6. principe de subsidiarité
7. règlement

a. Accord tacite entre les pays membres donnant la priorité à des solutions nationales pour des affaires qui ne relèvent pas exclusivement de la Communauté ; toutefois, il y a intervention de la Communauté si l'efficacité n'est pas jugée suffisante.

b. Action d'ouvrir la Communauté européenne à d'autres membres.

c. Ensemble commun de droits et obligations liant les États membres de l'UE entre eux. Les pays qui désirent intégrer la Communauté doivent préalablement accepter cette base communautaire.

d. Texte communautaire qui met en place des règles uniformes applicables directement dans les États membres.

e. Conditions, fondées sur des indicateurs économiques et établies par le traité de Maastricht, que chaque État membre doit remplir pour le passage à la monnaie unique.

f. Procédure associant le Parlement européen au processus d'élaboration des normes communautaires en tant que co-législateur.

g. Renforcement des institutions et politiques communes pour accroître l'intégration des États membres.

1	2	3	4	5	6	7

2

Complétez le texte avec les mots suivants. Faites les accords nécessaires.

membre - adhéré - chute - espace - de l'homme - unique - acquis communautaire - circulation - élargissement - attraction - fondateur - critère - approfondissement

Mythes et réalités au sujet de l'élargissement

Après des générations de divisions et de guerres, l'Union européenne unifie aujourd'hui pacifiquement l'Europe. De six pays .... (1), l'UE est passée à 27 États .... (2) en 2007. Au cours des quinze dernières années, la force d'.. (3) qu'exerce l'UE a permis aux pays d'Europe centrale et orientale de devenir de véritables démocraties modernes.

Un processus d'..................................... (4) mené avec discernement répand la paix, la démocratie, l'État de droit et la prospérité en Europe. Cependant, de nombreux citoyens de l'UE remettent aujourd'hui en cause les fondements de l'élargissement. À ce sujet, trois questions se posent :

>>>

>>>

▶ **L'élargissement de 2004 a-t-il été trop rapide ?**

Bien que dix nouveaux États membres soient entrés en même temps en mai 2004, ce processus ne s'est pas fait du jour au lendemain. Les pays d'Europe centrale et orientale ont .... (5) à l'UE une décennie et demie après la .... (6) du mur de Berlin.

▶ **Le dernier élargissement a-t-il été bien préparé ?**

L'élargissement de 2004 est celui qui a été le mieux préparé dans l'histoire de l'UE. En 1993, l'UE a défini des .... (7) précis pour l'adhésion. Pour pouvoir adhérer à l'UE, un pays doit respecter les droits .... (8), disposer d'une démocratie stable et d'une économie de marché compétitive, et être capable de mettre en œuvre entièrement la législation de l'UE, ce qu'en « eurojargon » on appelle l'.. (9).

▶ **L'élargissement n'empêchera-t-il pas un approfondissement de l'UE ?**

L'histoire de l'UE le démontre : il n'y a pas de contradiction entre élargissement et .... (10). L'UE est parvenue à mener les deux de front. Depuis 1973, l'UE a connu cinq élargissements et intégré en tout 21 nouveaux pays tout en parvenant, dans le même temps, à développer le marché .... (11), à créer l'.. (12) Schengen de libre .... (13) sans passeport et à adopter la monnaie unique.

D'après le site de la Commission européenne : *http://ec.europa.eu*

Actions parlementaires

3

Associez.

Le Parlement...

1. se félicite	• **a.** de la présentation du Livre blanc.
2. est d'avis	• **b.** nécessaire d'améliorer la communication.
3. prie	• **c.** instamment la Commission de soutenir la création d'une sphère publique.
4. appuie	• **d.** à l'idée d'établir un système de communication.
5. charge	• **e.** instamment à la Commission d'explorer la possibilité de lancer un authentique
6. invite	programme communautaire.
7. souscrit	• **f.** que l'aide financière accordée aux programmes à fort effet multiplicateur ait été coupée.
8. estime	• **g.** les propositions de la Commission visant à mieux utiliser les nouvelles technologies.
9. déplore	• **h.** la Commission à préciser comment elle entend prendre en compte la voix des citoyens.
10. met en doute	• **i.** que la coopération transfrontalière doit être renforcée.
11. recommande	• **j.** son président de transmettre la présente résolution au Conseil.
	• **k.** le bien-fondé de la création d'un Observatoire.

D'après le « Rapport sur le Livre blanc sur une politique de communication européenne - Parlement européen », 2006

Obstacles

4

Entourez le mot qui convient.

cf. manuel p. 84 *Alain Lamassoure :* « Nous avons fait tomber toutes les **cloisons** entre nous, sauf les **parois** de verre de nos débats politiques. Brisons ces **murs** invisibles ! »

1. Les chefs d'État se prononcent pour un espace européen de transport maritime sans **barrières / barricades**.

2. La **forteresse / muraille** Europe renforce la protection de ses frontières méridionales.

3. Éducation : le **trou / fossé** se comble entre les pays d'Europe les plus performants et les moins performants.

4. Le nationalisme n'a pas disparu en Europe. Certains pays ayant vécu sous **le joug / les fers** d'un voisin puissant continuent de nourrir un sentiment de revanche.

5. **L'obstruction / La gêne** parlementaire est une technique visant à retarder le plus possible l'adoption d'un texte à l'aide de moyens règlementaires : dépôt d'un grand nombre d'amendements ou discours interminables.

6. L'UE veut mettre **une entrave / un frein** à la conduite dangereuse : elle souhaite réduire de moitié le nombre de morts sur les routes européennes.

7. La Commission souhaite éliminer les **barrages / obstacles** fiscaux aux investissements transfrontaliers en capital-risque.

8. Le rapport de l'UE montre que les obstacles non tarifaires sont désormais la principale **entrave / bride** à l'intensification des échanges commerciaux entre l'Union européenne et les États-Unis.

GRAMMAIRE

Adverbes en *-ment*

5

Remplacez le mot ou l'expression entre parenthèses par l'adverbe en *-ment* qui convient.

La génération Erasmus ignore sa chance
Pour ma part, je suis .... (*d'une façon réelle - 1*) frappé de voir que les citoyens européens ne comprennent plus que .... (*avec confusion - 2*) ce qui se joue dans la construction européenne. Or nous savons tous .... (*de façon pertinente - 3*) que le génie de l'Europe, c'est de représenter un modèle de société pour le reste du monde où, comme le disait .... (*avec élégance - 4*) Jacques Delors, « la compétitivité stimule, la coopération renforce et la solidarité unit ». Le projet de la génération Erasmus doit être de s'affranchir .... (*par degrés - 5*) et .... (*de manière irréversible - 6*) de l'idée d'une Europe nombriliste et nationaliste. Toutes les régions du monde avec lesquelles j'ai pu travailler regardent l'Europe .... (*avec admiration - 7*). Dans le livre *L'Europe à la carte*, de nombreux textes ont été .... (*d'une main de maître - 8*) écrits par des intellectuels des quatre coins du monde. Par exemple, Ban Ki Moon, le secrétaire général des Nations-Unies, appelle .... (*avec instance - 9*) l'Asie à développer son intégration régionale à l'image de l'Union européenne. Ce livre rappelle .... (*d'une manière opportune - 10*) aux membres de la génération Erasmus qu'ils sont des enfants gâtés qui ignorent .... (*d'une manière partielle - 11*) leur chance de vivre dans un des seuls espaces au monde de prospérité, de paix, de stabilité et de solidarité.
D'après une interview de Jean-Christophe Bas, *www.cafebabel.fr*, novembre 2009

Participe présent et adjectif verbal

6

Entourez la forme qui convient.

L'ENSEIGNEMENT DES LANGUES VIVANTES

Eurocom est le label d'un groupe de chercheurs **influant / influents** qui met à la disposition des Européens ayant une bonne connaissance d'une langue germanique, romane ou slave un procédé **convainquant / convaincant** pour l'apprentissage d'un deuxième ou troisième idiome de la même famille.

La recherche menée par Eurocom a montré qu'un apprenant **excellant / excellent** dans l'expression et la compréhension écrites de sa propre langue et dominant ces compétences dans une seconde pouvait rapidement comprendre des informations **divergeant / divergentes** et des textes techniques dans toutes les autres langues **avoisinant / avoisinantes**.

L'apprentissage d'une nouvelle langue étrangère est un processus souvent laborieux, voire **fatigant / fatiguant**. En démontrant la relative facilité de la compréhension mutuelle, les élèves jusque-là **hésitant / hésitants** peuvent plus volontiers se laisser convaincre de franchir le cap, **adhérant / adhérent** ainsi résolument au contrat d'apprentissage.

Contrairement à la pratique du tandem (utilisation de deux langues de façon simultanée par deux interlocuteurs, chacun **communiquant / communicant** dans la langue de l'autre pour mieux l'apprendre), chaque personne ici s'exprime dans sa langue, donc correctement et finement, **provoquant / provocant** ainsi le développement de compétences permettant la compréhension de la langue de l'autre.

Les expériences d'enseignement de l'intercompréhension réalisées jusqu'à présent, entre des langues **convergeant / convergentes** (en particulier romanes), montrent qu'il s'agit d'une stratégie qui permet, avec un investissement modeste, d'accéder à un vaste éventail de textes et de productions orales, dans des langues **différentes / différant** peu de la sienne.

L'hypothèse et la condition

7

Conjuguez les verbes entre parenthèses aux temps et mode qui conviennent.

a) Propositions introduites par *si*

1. Si l'UE améliorait sa communication, beaucoup de réticences des citoyens européens .... (s'évanouir) immédiatement.

2. Si la France et l'Allemagne se mettent d'accord sur cette question, une dynamique positive .... (s'instaurer) entre les deux pays.

3. Si l'UE s'obstine à réduire l'immigration, les relations avec les pays du Tiers Monde .... (devenir) de plus en plus tendues.

4. Si le programme Erasmus n'avait pas été un tel succès, parler d'une Europe culturelle étudiante .... (être) impossible aujourd'hui.

5. Si l'UE .... (ne pas être créé), l'Europe n'aurait pas connu une telle prospérité et soixante ans de paix sur son propre territoire.

6. Si d'aventure la construction européenne .... (être) remise en cause en raison de la crise économique, cela s'avérera catastrophique.

7. Si le rideau de fer .... (ne pas tomber) en 1989, qui sait ce que serait devenu le projet européen ?

b) Autres conjonctions

1. L'UE deviendra une grande puissance mondiale **pourvu que** les pays membres .... (être) capables de faire taire leurs dissensions !

2. En admettant que les nations les plus puissantes .... (vouloir) bien l'envisager, la paix règnera sur terre.

3. L'UE se prépare à débloquer des aides pour l'Espagne **au cas où** Madrid en .... (faire) la demande.

4. À condition qu'il .... (faire) preuve de volonté, et **si tant est qu'**il en .... (avoir) les moyens, le Président de l'UE parviendra à s'imposer à l'échelle internationale.

5. La Banque centrale européenne prévoit une baisse de l'inflation, **pour peu que** la baisse du prix des matières premières .... (se poursuivre).

6. Aucun accord ne sera trouvé, **à moins que** la Grande-Bretagne ne .... (revoir) ses ambitions à la baisse.

7. Le comité a décidé qu'une deuxième réunion de spécialistes devait avoir lieu, **sous réserve que** le budget de la Culture le .... (permettre).

8

Remplacez les groupes de mots en italique par des propositions conditionnelles, comme dans l'exemple.

Exemple : *Sans l'opiniâtreté du commissaire danois*, ce règlement n'aurait jamais été adopté.
→ *Si le commissaire danois n'avait pas fait preuve de tant d'opiniâtreté*, ce règlement n'aurait jamais été adopté.

1. *En vous abstenant de voter aux élections européennes*, vous prendriez le risque de voir des extrémistes au Parlement européen.

....

....

2. *En admettant que je me présente aux élections européennes*, je ne suis pas certain d'être élu député.

....

....

3. Vous ne saurez pas comment cette nouvelle constitution sera accueillie *à moins d'organiser un référendum*.

....

....

4. *À défaut d'un soutien important du Parlement et des chefs d'État*, le président du Conseil européen aura du mal à s'imposer.

....

....

5. *En cas de rejet du traité par les électeurs*, que se passerait-il ?

....

....

6. *Dans la mesure où l'UE souhaite réduire l'émission de ses gaz à effet de serre*, des politiques nationales et communautaires liées au climat doivent être mises en œuvre.

....

....

9

Complétez les phrases avec *si jamais, même si, sauf si, sinon, comme si* ou *et si*.

1. .... la Pologne ratifiait cet accord, nous aurions fait un grand pas en avant.

2. .... nous proposions une solution alternative à la Commission ?

3. Ce pays doit faire toute la lumière sur sa dette publique, ... le Conseil de l'Union se verra contraint de lancer une procédure.

4. .... ce pays ratifiait cet accord, il n'y aurait aucune certitude quant à l'application du texte.

5. Une décision devrait être prise aujourd'hui, ... certains grands pays décident à la dernière minute de s'y opposer.

6. Le Haut Représentant de l'UE s'est exprimé sans retenue, ... il avait reçu l'appui des chefs d'État, ce qui n'était pas le cas.

Dites-le autrement

10

Reformulez les phrases librement.

manuel p. 81 1. Les six pays ont commencé par la mise en commun de leurs ressources ; pour ce faire, ils ont établi des règles qui sont les mêmes pour tous.

....

....

manuel p. 83 2. Les États pourront décider d'autoriser la vente des produits non conformes, à condition qu'un étiquetage permette au consommateur de distinguer les catégories « extra », « I » et « II ».

....

....

Ne confondez pas

11

Complétez les phrases avec *au moins, du moins, pour le moins*. Faites les élisions nécessaires.

1. L'UE s'est engagée à réduire ses émissions de gaz à effet de serre de .... 20 % d'ici 2020.

2. Dans le cas des antennes relais, les différentes études parues à ce jour n'ont pas identifié de danger précis. Le principe de précaution n'a donc pas à s'appliquer, ... si l'on s'en tient à des considérations uniquement scientifiques.

3. Ils exagèrent, ils pourraient .... retirer du marché les produits soupçonnés d'être dangereux pour la santé.

4. Aujourd'hui, le problème de cette usine, c'est qu'elle entraîne beaucoup de nuisances pour la population locale, sans parler des risques potentiels de pollution. C'est pourquoi il nous paraît .... nécessaire de demander une intervention des pouvoirs publics.

5. Tous les vols ont été annulés suite à l'éruption d'un volcan. Mais sommes-nous bien ici dans le cadre du principe de précaution ? Rien n'est moins sûr, ... si l'on s'en tient à la définition qu'en donne la Constitution française.

6. Mercredi, une décision de justice .... étonnante a été rendue : un opérateur de téléphonie mobile a été condamné à démonter une antenne relais à Tassin la Demi-Lune.

Style

La métonymie consiste à remplacer un mot par un autre mot, qui entretient avec lui une relation logique (la partie pour le tout, le contenant pour le contenu, l'abstrait pour le concret, le lieu pour l'institution...).

Exemple : **Bruxelles** a décidé que...

→ Bruxelles désigne ici les institutions de l'UE qu'elle abrite : le Parlement, le Conseil ou la Commission européenne.

12

a) Que représentent les lieux cités ?

1. La Maison Blanche et le Congrès devront proposer un plan crédible pour réduire le déficit national.

→ ....

2. EADS a informé le Pentagone mardi qu'il participerait à l'appel d'offres des avions ravitailleurs de l'armée de l'air américaine.

→ ....

3. Le candidat s'est dit choqué mardi par l'impudence du Kremlin.

→ ....

b) Voici cinq métonymies fréquentes chez les journalistes français. Associez.

1. La place Beauvau	**a.** le Premier ministre
2. Bercy	**b.** le ministère des Affaires étrangères
3. Matignon	**c.** le président de la République
4. Le quai d'Orsay	**d.** le ministère de l'Intérieur
5. L'Élysée	**e.** le ministère des Finances

13

Soulignez les métonymies, puis indiquez ce qu'elles désignent.

1. Ce jeune homme a peu de cervelle. → ....

2. Mon père est une sacrée fourchette ! → ....

3. Au bout du compte, c'est lui qui a récolté tous les lauriers. → ....

4. Je n'ai pas le temps de te parler : il faut que je finisse mon papier. → ....

5. Par ce temps-là, mieux vaut mettre une petite laine. → ....

6. Je cherche un toit pour la nuit. → ....

7. Respectez ses cheveux blancs. → ....

8. Il a perdu sa langue. → ....

14

À vous ! Faites des métonymies.

1. On manque de **gens** pour faire ce travail. → ....

2. Il y a beaucoup de nouvelles **personnes** ici. → ....

3. **Les spectateurs** ont applaudi. → ....

4. Nous distinguions deux **bateaux** au loin. → ....

QUIZ CULTUREL

1 Quelle est l'origine du nom « Europe » ?

  a C'est le nom d'une princesse phénicienne dans un mythe crétois.

    b C'est le nom d'un Dieu germanique.

      c C'est le nom d'un philosophe grec.

2 Qu'est-ce que l'Eurovision ?

  a un organe de l'Union européenne

    b un concours annuel de la chanson

      c le nom complet de la monnaie unique européenne

3 Quelle est la devise de l'Union européenne ?

  a *Unie dans la diversité*   **b** *Un pour tous, tous pour un*   **c** *Paix, marché, prospérité*

4 Quel est l'hymne européen ?

  a *The Final countdown* du groupe Europe

    b *L'Ode à la joie* de la 9ᵉ symphonie de Beethoven

      c *L'Internationale* de Pierre Degeyter et Eugène Pottier

5 Quel jour de l'année commémore-t-on l'Europe dans les pays de l'Union ?

  a le 8 mars   **b** le 1er mai   **c** le 9 mai

6 En quelle année a été signé le traité de Rome qui institua la Communauté économique européenne (CEE) ?

  a 1951   **b** 1957   **c** 1973

7 Combien de langues officielles compte l'UE ?

  a 3   **b** 5   **c** 23

8 Où siègent les institutions européennes suivantes ?

  a le Conseil de l'Union européenne   ....

  b le Parlement européen   ....

  c la Commission européenne   ....

  d la Cour de justice   ....

  e la Cour des comptes européenne   ....

  f la Banque centrale européenne   ....

9 Laquelle de ces villes n'a pas donné son nom a un traité important pour l'UE ?

  a Versailles   **b** Maastricht   **c** Lisbonne

10 Quel est le nom du programme d'échange d'étudiants et d'enseignants entre les universités et les grandes écoles européennes ?

  a le programme Averroès   **b** le programme Erasmus   **c** le programme Charlemagne

11 Quel détroit sépare l'Europe de l'Asie ?

  a le détroit du Bosphore   **b** le détroit de Gibraltar   **c** le détroit de Béring

LEXIQUE

L'évolution et la variation

1

Complétez les phrases avec les mots suivants.

redressement – resserrement – fléchissement – dégradation – intensification – contraction – allégement – allongement – augmentation – résorption

1. Les services secrets prévoient une .... des attaques terroristes pendant les Fêtes.

2. Pour aider Haïti à faire face à l'actuelle crise humanitaire, les pays riches ont proposé un .... de la dette du pays.

3. De 2002 à 2005, les taux d'intérêt à court et long terme ont été au plus bas, malgré l' .... des déficits publics.

4. Le nombre d'emplois a progressé de trois millions en un an malgré un léger .... de la croissance économique.

5. Le numéro deux du FMI, John Lipsky, a annoncé que l'institution financière internationale prévoyait une « modeste » .... du PIB brut mondial en 2009, alors qu'elle annonçait en janvier une progression de 0,5 %.

6. Le Premier ministre a confirmé, lundi 15 juin, que l' .... de l'âge légal du départ à la retraite n'était pas une question « taboue » pour la droite.

7. Dans cette entreprise, les nombreux arrêts maladie s'expliquent par une forte .... des conditions de travail.

8. L'Arménie se félicite du .... des liens avec l'Union européenne dans le cadre du Programme de partenariat de l'Est.

9. La crise financière internationale retarderait le .... de l'économie de l'Afrique du Sud, qui a montré des signes de faiblesse au cours des derniers mois.

10. L'Assemblée nationale devrait adopter une nouvelle loi visant à assurer la .... du chômage structurel et la réinsertion des chômeurs de longue durée.

2

Entourez le mot qui convient.

L'usage de l'espéranto s'est **étalé / développé** lorsque les voyages sont devenus plus accessibles et que les rencontres internationales espérantistes se sont **multipliées / agrandies**. La mise en place de services d'hébergement chez l'habitant, comme le *Pasporta Servo*, et l'apparition de l'enregistrement sonore sur cassette, de même que les programmes de conversation téléphonique par ordinateur, ont contribué à faire **augmenter / progresser** l'utilisation orale de la langue. Il faut également noter qu'avec l'**accroissement / élévation** du nombre de locuteurs, l'espéranto est devenu la langue maternelle d'enfants issus de couples espérantophones.

3

Entourez le mot ou l'expression qui convient.

manuel p. 94 Le mouvement qui atteint son **apogée** à Paris entre 1750 et 1765 progresse dans les provinces pour gagner la génération qui précède la Révolution.

1. Est-ce là le **summum / zénith** de l'immoralité politique ?

2. Dans l'attente des résultats, le suspense est à son **summum / paroxysme**.

3. Clôture en **apothéose / apogée** du 4e Festival international du théâtre universitaire de Marrakech.

4. Il a pour objectif de se hisser **à la cime / au sommet** de l'échelle sociale.

5. À la fin de la cérémonie, l'émotion était à son **comble / paroxysme**.

6. À cette heure de la journée, le soleil est à son **apothéose / zénith**.

L'argent

4

Lisez le texte, puis retrouvez les termes économiques correspondant aux définitions.

Le rôle de l'argent dans la société française et l'attitude des Français à son égard a bien changé ces dernières années. La mondialisation des échanges, le nouveau rôle de la bourse et la place prise par la monnaie dans la construction européenne expliquent cette évolution. Les Français, ou en tout cas une grande partie d'entre eux, ont été longtemps mal disposés vis-à-vis de la spéculation financière. Mais les grands développements économiques de la période des Trente Glorieuses, le désir et la possibilité de consommer des biens nouveaux, mais aussi d'épargner et d'acquérir un patrimoine jusque-là réservé à une petite minorité, ont eu pour effet de banaliser l'usage du crédit et l'achat de titres. Durant les années 1980, la bourse prit une importance nouvelle en raison du besoin de financement des entreprises qui préféraient émettre des actions plutôt qu'emprunter à la banque.

D'après *Français ! Notre histoire, nos passions*, Larousse, 2003

1. Opération par laquelle une personne avance de l'argent à une autre → ....

2. Synonyme d'économiser → ....

3. Instrument de paiement → ....

4. Opération destinée à tirer profit des variations prévues sur le marché boursier → ....

5. Actions et/ou obligations → ....

6. Lieu public où ont lieu des transactions sur des valeurs, des marchandises ou des services → ....

7. Choses matérielles qui font l'objet d'une appropriation → ....

8. Obtenir quelque chose à titre de prêt → ....

9. Ensemble des biens d'une personne → ....

10. Proposer l'achat d'actions au public via une introduction en bourse → ....

Les mots de la francophonie

5

Trouvez un équivalent en français « de France » des mots en gras et donnez-en une définition.

1. *(Belgique)* Grâce à l'Eurostar, je peux habiter à Paris et travailler à Londres : je suis ce qu'on appelle un **navetteur**.

....

2. *(Québec)* Hier, je voulais retirer 100 **piastres** au **guichet automatique** avant de passer au **dépanneur**, mais tu sais quoi, j'avais complètement oublié mon **nip** !

....

....

3. *(Québec)* Hier, mon **char** est tombé en panne. *(Sénégal)* Heureusement, je n'étais pas loin d'une **essencerie**.

....

....

4. *(Sénégal)* – Comment tu as fait pour réussir l'examen d'économie générale ?

– Pas compliqué, j'ai **motamoté** le livre du professeur.

....

5. *(Québec)* – Tu n'as pas l'air d'aller bien. Qu'est-ce qui se passe ?

– Ma mère est malade, j'**ai les bleus**.

....

6. *(Mauritanie)* Mon fils est allé à l'école, c'est un **académicien**.

....

7. *(Côte-d'Ivoire).* Depuis qu'il travaille et qu'il a un peu d'argent, c'est un **sapeur** !

....

Dites-le autrement

6

Remplacez les éléments en gras par un mot ou une expression de même sens.

cf. manuel p. 96 **1.** Vous restez, en dernière analyse, **les mieux à même de** faire grandir cette Francophonie économique.

....

cf. manuel p. 96 **2.** Il nous faut, pour plus d'efficacité, des structures qui soient l'affaire des acteurs économiques eux-mêmes, **à l'instar des** nombreux réseaux et associations qui viennent accompagner, appuyer, renforcer les actions de la Francophonie dans ses autres domaines d'intervention.

....

cf. manuel p. 97 **3.** Aussi, comme l'a indiqué Nicolas Petrovic, qui prendra **les rênes** d'Eurostar en janvier, l'heure est à la fidélisation de la clientèle.

....

cf. manuel p. 97 **4.** Il suffit d'arriver une demi-heure heure avant le départ et, **en un rien de temps**, on se retrouve en plein centre de Londres à la Gare St Pancras.

....

cf. manuel p. 97 **5.** **Au-delà de** la réussite commerciale indéniable de cette aventure, de la véritable prouesse technologique, l'Eurostar a permis de rapprocher la Grande-Bretagne du continent.

....

cf. manuel p. 101 **6.** Je revenais ensuite à la maison, **le cœur gros**, et j'apprenais une fable de La Fontaine : c'était tout ce que je pouvais faire pour elle.

....

GRAMMAIRE

Doubles pronoms

7

Transformez les phrases comme dans l'exemple.

Exemple : La voiture, tu me la rends avant midi. Tu ne me la ramènes pas ce soir !
→ *Tu dois* **me la** *rendre avant midi. Tu ne dois pas* **me la** *ramener ce soir !*
→ *Rends-***la-moi** *avant midi. Ne* **me la** *ramène pas ce soir !*

1. Pour ce qui est de la caution, tu la lui remettras sous forme de chèque.

....

....

2. On a besoin de nos billets de train pour demain, alors tu ne nous les apportes pas en retard !

....

....

3. Il ne connaît pas encore cette machine ; vous lui en expliquez le fonctionnement.

....

....

4. Cet argent, vous ne le lui donnez pas, vous le lui prêtez.

....

....

5. C'est quelque chose de très dangereux ; tu t'en débarrasses au plus vite !

....

....

Marqueurs temporels

8

Complétez le texte avec l'expression de temps qui convient.

à cette époque – aussitôt – l'année suivante – après – avant que – depuis – quand / lorsque – la première fois – pour la première fois – pour un moment

J'avais, je crois, quatorze, quinze et dix-sept ans, ... (1) je vis Fontainebleau.

.... (2) une enfance casanière, inactive et ennuyée, si je sentais en homme à certains

égards, j'étais enfant à beaucoup d'autres. [...] .... (3), je n'allai point seul dans la

forêt ; je me rappelle peu ce que j'y éprouvai [...] .... (4), je parcourus avidement

ces solitudes ; je m'y égarais à dessein [...] .... (5) j'atteignais l'extrémité de

la forêt, je voyais avec peine ces vastes plaines nues et ces clochers dans l'éloignement. Je me retournais

.... (6), je m'enfonçais dans le plus épais du bois ; [...] j'éprouvais un sentiment de

paix, de liberté, de joie sauvage, pouvoir de la nature sentie .... (7) dans l'âge

facilement heureux. [...] J'étais souvent dans les bois .... (8) le soleil parût. [...]

.... (9) j'entendais un écureuil, ... (10) je

>>>

faisais partir un daim, je m'arrêtais, j'étais mieux, et .... (11) je ne cherchais

plus rien. C'est .... (12) que je remarquai le bouleau, arbre solitaire qui

m'attristait déjà, et que .... (13) je ne rencontre jamais sans plaisir. [...]

Senancour, *Oberman*, Lettre XI, 1804

Connecteurs logiques

9

Complétez le texte avec les connecteurs logiques correspondant à la relation exprimée. (Plusieurs réponses sont parfois possibles.)

Cause	**1.** Le microcrédit est, sans aucun doute, une innovation majeure dans la lutte contre la pauvreté. .... lui, de nombreuses personnes dans le besoin peuvent aujourd'hui emprunter de l'argent sans passer par les usuriers de village.
Explication	**2.** ...., les pauvres vivent dans la précarité et le moindre problème (une mauvaise récolte, une maladie, un vol...) peut les ruiner.
Addition	**3.** ...., épargner est difficile et dangereux pour eux : les banques ne veulent pas prendre en charge de petites sommes et les économies « laissées sous le matelas » disparaissent facilement.
Cause Conséquence	**4.** .... rares sont les pauvres qui n'ont jamais dû s'endetter. Le microcrédit est .... d'une importance vitale pour les populations démunies.
Restriction	**5.** Beaucoup d'économistes pensent que le microcrédit pourrait favoriser une transformation en profondeur de la vie des plus pauvres. ...., certains ne voient pas du tout les choses de cette façon.
Illustration	**6.** Ils considèrent .... les banquiers du microcrédit comme de nouveaux usuriers qui profitent de l'incapacité des plus pauvres à résister à la tentation de l'emprunt.
Récapitulation	**7.** ...., il est légitime de se demander si le microcrédit est une bonne ou une mauvaise chose.
Restriction	**8.** Malheureusement, ... l'importance du débat, il n'y a pas eu jusqu'à présent d'étude rigoureuse sur le sujet.

10

Rétablissez la logique du texte.

La féminisation des noms de métiers, fonctions, grades ou titres : une controverse récente

A. En effet, il convient de rappeler que le masculin est en français le genre non marqué et peut de ce fait désigner indifféremment les hommes et les femmes.

B. L'Académie conteste **enfin** le principe même d'une intervention gouvernementale sur l'usage, jugeant qu'une telle démarche risque « de mettre la confusion et le désordre dans un équilibre subtil né de l'usage, et qu'il paraîtrait mieux avisé de laisser à l'usage le soin de modifier ».

C. En 1984, le Premier ministre crée une « commission de terminologie relative au vocabulaire concernant les activités des femmes ». Le décret indique **notamment** que « la féminisation des noms de professions et de titres vise à combler certaines lacunes de l'usage de la langue française dans ce domaine et à apporter une légitimation des fonctions sociales et des professions exercées par les femmes ».

>>>

>>>

D. En revanche, le féminin est appelé plus pertinemment le genre marqué, et « la marque est privative. Elle affecte le terme marqué d'une limitation dont l'autre seul est exempt. À la différence du genre non marqué, le genre marqué, appliqué aux êtres animés, institue entre les deux sexes une ségrégation. »

E. L'Académie française, qui n'avait pas été consultée, fait part de ses réserves dans une déclaration préparée par Georges Dumézil et Claude Lévi-Strauss. Elle dénonce **en particulier** le contresens linguistique sur lequel repose l'entreprise.

F. Aussi la féminisation risque-t-elle d'aboutir à un résultat inverse de celui qu'on escomptait, et d'établir, dans la langue elle-même, une discrimination entre les hommes et les femmes.

www.academie-francaise.fr

1	2	3	4	5	6

11

Construisez des raisonnements comme dans l'exemple. Variez les expressions.

Exemple :

1re affirmation : Le véhicule que vous voulez acquérir coûte 30 000 euros.

2e affirmation : Vous n'avez que 18 000 euros.

Conclusion : Ce véhicule coûte 30 000 euros. **Or** vous ne disposez que de 18 000 euros. Il faudra **donc**, soit que vous empruntiez de l'argent, soit que vous abandonniez l'idée de vous l'offrir. **Toutefois**, vous avez vraiment envie d'acquérir ce modèle. **C'est la raison pour laquelle** vous allez vous en acheter un d'occasion.

1. *1re affirmation :* Le progrès technique a permis l'allongement de l'espérance de vie.

2e affirmation : La durée de cotisation pour les retraites est restée la même.

Conclusion : ....

....

....

....

....

2. *1re affirmation :* La langue anglaise est de plus en plus hégémonique.

2e affirmation : Il est important de défendre un certain multilinguisme.

Conclusion : ....

....

....

....

....

3. *1re affirmation :* L'avion est un moyen rapide d'aller à Londres.

2e affirmation : L'Eurostar connaît désormais un grand succès.

Conclusion : ....

....

....

....

....

Style

> **L'hyperbole** amplifie les termes d'un énoncé afin de mettre en valeur un objet ou une idée. Elle est synonyme d'exagération ou d'emphase.
>
> Exemple : « Je crois que je pourrais rester **dix mille ans** sans parler. » (Jean-Paul Sartre)
>
> Plusieurs procédés stylistiques peuvent être utilisés pour rendre une hyperbole : la comparaison ou la métaphore, l'emploi de mots excessifs, l'emploi abusif de superlatifs, etc.

12

Dans ces phrases, quels sont les procédés stylistiques employés pour rendre l'hyperbole ?

1. Il a fait de sa vie un enfer. ....

2. C'est un film absolument génial, hyperréaliste et complètement délirant.

....

3. Il est beau comme un dieu. ....

4. « Je m'en vais vous mander la chose la plus étonnante, la plus surprenante, la plus merveilleuse, la plus miraculeuse, la plus triomphante, la plus étourdissante. » (Mme de Sévigné)

....

13

Lisez le texte, puis identifiez les hyperboles.

> Le colonel, c'était donc un monstre ! À présent, j'en étais assuré, pire qu'un chien, il n'imaginait pas son trépas ! Je conçus en même temps qu'il devait y en avoir beaucoup des comme lui dans notre armée, des braves, et puis tout autant sans doute dans l'armée d'en face. Qui savait combien ? Un, deux, plusieurs millions peut-être en tout ? Dès lors ma frousse devint panique. Avec des êtres semblables, cette imbécillité infernale pouvait continuer indéfiniment... Pourquoi s'arrêteraient-ils ? Jamais je n'avais senti plus implacable la sentence des hommes et des choses.
>
> Serais-je donc le seul lâche sur la terre ? pensais-je. Et avec quel effroi !... Perdu parmi deux millions de fous héroïques et déchaînés et armés jusqu'aux cheveux ? Avec casques, sans casques, sans chevaux, sur motos, hurlants, en autos, sifflants, tirailleurs, comploteurs, volants, à genoux, creusant, se défilant, caracolant dans les sentiers, pétaradant, enfermés sur la terre, comme dans un cabanon, pour y tout détruire, Allemagne, France et Continents, tout ce qui respire, détruire, plus enragés que les chiens, adorant leur rage (ce que les chiens ne font pas), cent, mille fois plus enragés que mille chiens et tellement plus vicieux ! Nous étions jolis ! Décidément, je le concevais, je m'étais embarqué dans une croisade apocalyptique.
>
> Louis-Ferdinand Céline, *Voyage au bout de la nuit*, 1932 © Éditions Gallimard, 1952

....
....
....
....
....
....
....
....

QUIZ CULTUREL

1 En quelle année l'euro a-t-il remplacé le franc français ?

a 1999   **b** 2002   **c** 2007

2 Comment s'appelle l'indice boursier principal de la bourse de Paris ?

a le CAC 40   **b** le DAX   **c** l'Eurostoxx 50

3 Qu'est-ce que l'ISF ?

a l'impôt de solidarité sur la fortune   **b** l'institut suisse du franc   **c** l'impôt sur la famille

4 Que désigne l'expression « monnaie de singe » ?

a des bananes   **b** des dollars canadiens   **c** une monnaie sans réelle valeur

5 Parmi ces mots, lequel n'est pas un synonyme d'*argent* ?

blé - flouze - fric - oseille - persil - pognon - radis - rond - sou - thune

....

6 Connaissez-vous une banque française ?

....

7 Dans combien de pays le français a-t-il le statut de langue officielle ou co-officielle ?

a 14   **b** 29   **c** 56

8 En quelle année l'Organisation internationale de la Francophonie a-t-elle été créée ?

a 1945   **b** 1970   **c** 1999

9 Quelle grande œuvre éditée sous la direction de Diderot et d'Alembert entre 1751 et 1772 devint un symbole des Lumières ?

a la Déclaration des droits de l'homme

b l'*Encyclopédie* ou *Dictionnaire raisonné des sciences, des arts et des métiers*

c le Code civil

10 Quel forum économique, créé en 1999 pour améliorer la concertation internationale, intègre un certain nombre de pays émergents ?

a l'OCDE   **b** le FMI   **c** le G20

11 Quel est le nom des fusées européennes lancées depuis Kourou en Guyane française ?

a Concorde   **b** Ariane   **c** Europa

12 En quelle année le tunnel sous la Manche a-t-il été inauguré ?

a 1986   **b** 1994   **c** 2001

13 Quel est le premier partenaire économique de la France ?

a l'Allemagne   **b** les États-Unis   **c** l'Algérie

14 En 2006, Jacques Chirac inaugure un musée situé quai Branly à Paris. Quelle est la thématique de ce musée ?

a les technologies de pointe   **b** les arts et civilisations non occidentaux   **c** la photographie

LEXIQUE

Environnement

1

Rétablissez la logique du texte. Mettez les mots soulignés à la bonne place.

La planète menacée ?

Alors que la société de <u>survie</u> (.....................................) triomphe en Occident, ses fondements semblent remis en <u>place</u> (.....................................) par la prise de <u>peur</u> (.....................................) du caractère épuisable des ressources naturelles. La formidable <u>conscience</u> (.....................................) de l'industrialisation et de l'urbanisation, ainsi que l'essor démographique, apparaissent à terme comme préjudiciables à la <u>consommation</u> (.....................................) de l'espèce humaine. L'homme serait devenu un apprenti sorcier, auteur potentiel de son propre <u>anthropocentrisme</u> (.....................................).

Néanmoins, certains critiquent cette façon de voir les choses. Il s'agirait pour eux d'un <u>anéantissement</u> (.....................................) exagéré, manquant assurément de modestie quant à la <u>cause</u> (.....................................) et à l'<u>incertitude</u> (.....................................) de l'homme dans l'univers.

Ces sceptiques dénoncent donc les écologistes, qui, à l'image de Cassandre, des pythies et autres prophètes, jouent sur la <u>croissance</u> (.....................................) et oublient le principe d'<u>importance</u> (.....................................), préférant « excommunier » toute personne défendant des opinions divergentes.

Ne confondez pas

2

Complétez les messages à l'aide des verbes suivants. Conjuguez-les si nécessaire.

affliger - infliger - consommer - consumer - décerner - discerner - éluder - élucider - infecter - infester - perpétrer - perpétuer - subvenir - survenir

---

●○○ ◄► ✕ + ○ http://ecoblog.org	

FORUM ECOBLOG

Anaïs	J'ai vraiment été .... (1) quand j'ai appris qu'une nouvelle marée noire était .... (2) la nuit dernière et venait de toucher les côtes bretonnes ☹. C'est une catastrophe pour notre région, même si on ne peut pas encore bien .... (3) quelles en seront toutes les conséquences. Les causes sont toujours mystérieuses ; néanmoins, j'espère qu'on les .... (4) rapidement et que le gouvernement n'..................................... (5) pas la question des responsabilités ainsi que celle des réparations. J'espère aussi qu'une action en justice sera intentée contre ceux qui ont .... (6) un tel crime.

Clara	Je suis consternée ☹. Je ne comprends pas qu'on puisse .... (7) de tels dommages à notre planète. Comme si les pesticides qui .... (8) nos rivières ne suffisaient pas !
Vivien	Si ça continue comme ça, dans un siècle ou deux, on aura .... (9) toutes les ressources naturelles de la planète. Alors la vie s'éteindra, telle une bougie entièrement .... (10).
Théo	À moins qu'un virus n'........................... (11) toute l'humanité et, nous détruisant, préserve la nature !!! ☺ Mais revenons sur terre : tentons de .... (12) intelligemment aux besoins de chacun et de faire des économies d'énergie.
Sabine	Il faudrait .... (13) la mémoire des grands écologistes et enseigner l'écologie à l'école. Et je crois qu'il faudrait .... (14) un prix Nobel d'écologie comme il existe un prix Nobel de la paix.

La conséquence

3

Entourez le mot qui convient.

Une maison écologique

À l'origine, l'idée était de minimiser notre **impact / portée** sur l'environnement. Nous avons donc commencé par surveiller de près notre consommation d'eau, de gaz et d'électricité. Au bout de deux mois, le **dénouement / résultat** était le suivant : on savait désormais très exactement quels étaient nos besoins fondamentaux et quels étaient les besoins qui nous étaient dictés par la société de consommation. De ce fait, nous avons fait installer une éolienne et des panneaux solaires. L'énergie que nous produisions était dès lors sans **retombées / suites** négatives sur la nature. L'utilisation des énergies renouvelables a eu pour **contrecoup / conséquence** de nous rendre autosuffisants ; nous avons donc décidé de résilier notre abonnement chez notre fournisseur d'électricité. Nous sommes rentrés en conflit avec EDF/GDF qui ne voulait pas nous désabonner (craignant par la suite des résiliations en **avalanche / cascade**). Mais, finalement, après de longues semaines de querelles juridiques, notre histoire a connu un heureux **dénouement / aboutissement** et nous sommes devenus officiellement autosuffisants. Inutile de préciser que cette affaire a eu **un retentissement / une résonance** considérable dans la région !

Les verbes *faire* et *rendre*

4

a) Remplacez le verbe *faire* par un autre verbe plus précis.

Nous avons un voisin un peu bizarre, un écolo baba-cool qui se permet de dire aux habitants du village, notamment aux agriculteurs, comment il faut **faire** (...........................) pour respecter la nature. Il leur **fait** (...........................) de grands discours sur les dangers de l'agriculture ultra-productiviste. Comme les gens n'arrivent pas à **se faire** (...........................) à son franc-parler, il ne s'est pas fait beaucoup d'amis. Néanmoins, son action pour le respect de l'environnement **fait** (...........................) l'admiration des plus jeunes.

Chez lui, il a tout **fait** (...........................) lui-même. Tout d'abord, il a **fait** (...........................) sa maison pierre par pierre, puis il a **fait** (...........................) ses meubles. De plus, sa femme et lui **font** (...........................) leur propre pain et **font** (...........................) leurs vêtements avec du coton issu de l'agriculture biologique. Comme ils ont un terrain qui **fait** (...........................) 5 000 mètres carrés, ils ont **fait** (...........................) un potager qui leur permet de **faire** (...........................) toutes sortes de légumes. Quant à la gestion du budget familial, c'est sa femme qui **fait** (...........................) tout. En effet, il ne peut rien **faire** (...........................) sans la consulter au préalable !

b) Complétez les phrases avec le verbe *faire* ou le verbe *rendre*.

1. Voir tout ce gaspillage de papier carton, cela me .... mal au cœur !

2. La surconsommation de nos sociétés me .... honte et va jusqu'à me .... malade !

3. En 2025, pour la majorité des habitants de la planète, l'approvisionnement en eau pourrait être dramatiquement insuffisant. Cette perspective me .... vraiment peur.

4. « Construire un monde différent, le .... plus propre » : il y a encore loin des paroles aux actes !

5. Ce qui me .... plaisir, c'est de voir que de plus en plus de gens adoptent un comportement éco-responsable.

6. Pour beaucoup de personnes, le vélo est devenu une solution pour lutter contre la pollution et .... la vie plus agréable.

GRAMMAIRE

Les doubles négations

5

Transformez les phrases comme dans l'exemple.

Exemple : Dans les années 1920, en ville, on voyait **encore souvent** des voitures tirées par des chevaux.
→ *Maintenant, en ville, on **ne** voit **plus jamais** de voitures tirées par des chevaux.*

1. À la Belle Époque, vous trouviez **souvent quelqu'un** pour dire que le train était une invention du diable.

Maintenant, ...

2. Dans les années 1950, il y avait **encore quelque part** dans nos campagnes des villageois qui vivaient sans électricité.

Maintenant, ...

3. Aujourd'hui, on peut **encore** photographier **quelqu'un** avec un appareil photo argentique.

Bientôt, ...

4. Au début du XXe siècle, il y avait **encore quelque chose** de fascinant à voir passer un train.

Aujourd'hui, ...

5. Il y a quelques années, on voyait **encore souvent des choses** intéressantes au concours Lépine.

Maintenant, ...

6. Avant, je pouvais **toujours** trouver **quelqu'un quelque part** pour entretenir ma voiture de collection.

Bientôt, ...

La cause

6

Complétez avec une préposition ou une conjonction exprimant la cause. (Plusieurs réponses sont parfois possibles.)

...............................(1) la plus écologique des énergies est celle que nous ne consommons pas, nous devons, afin de réduire notre consommation d'énergie, changer nos habitudes quotidiennes. ....(2) des actes simples, nous pouvons contribuer à la sauvegarde de notre planète : par exemple, opter pour les transports en commun, acheter des aliments produits dans sa région ....(3) on limite ainsi les émissions de gaz à effet de serre. C'est souvent ....(4) avoir été informés que les particuliers n'interviennent pas au niveau de leur logement. Or, ...(5) le chauffage et l'eau chaude représentent les deux tiers de notre consommation énergétique, l'idéal serait de choisir un mode de chauffage alimenté à partir d'énergies renouvelables, propres et inépuisables telles que l'énergie solaire. Le problème en France, c'est que la plupart des habitants refusent cette solution ....(6) ce système n'est pas rentable sous nos latitudes. Cette idée est fausse ....(7) ce mode de production énergétique permet de satisfaire 40 à 80 % des besoins en eau chaude et 20 à 40 % du chauffage selon nos régions. Les comportements ne pourront changer qu'...............................(8) patience et ....(9) la multiplication des campagnes d'information.

La conséquence

7

Complétez avec *à tel point que, tellement... que, si bien que, tel(le/s)... que, tant... que, si... que.* **Faites les élisions nécessaires. (Plusieurs réponses sont parfois possibles.)**

1. Les usines des alentours polluent ....on voit des poissons dériver à la surface des rivières.

2. L'inconséquence de certains en matière de pollution est ....scandaleuse ....je désespère parfois de voir évoluer les comportements.

3. Les Français ont pris l'habitude de trier leurs déchets en les déposant dans différentes poubelles, ...d'importantes économies ont pu être réalisées grâce au recyclage.

4. Au fil des ans, les discours des écologistes ont envahi les médias ....il ne passe pas un seul jour sans que ne soit abordé le thème de l'environnement.

5. L'accident nucléaire de Tchernobyl a été d'une ....gravité ....le nuage radioactif a contaminé des centaines, voire des milliers de personnes en Europe.

6. La mode du bio a ....de succès ....on assiste à la prolifération des produits portant le label AB (agriculture biologique), non seulement dans les magasins diététiques mais aussi dans les rayons des supermarchés.

8

Transformez les phrases comme dans l'exemple.

Exemple : Si les instances dirigeantes renonçaient à la culture des OGM, les petits paysans pourraient continuer de vivre des cultures traditionnelles.
→ *Il suffirait que les instances dirigeantes renoncent à la culture des OGM pour que les petits paysans puissent continuer de vivre des cultures traditionnelles.*

1. Si l'importation du bois était plus sévèrement contrôlée, nos forêts ne seraient plus menacées de disparition.

→ ....
....

2. Si nous, pays riches, avions privilégié les écosystèmes marins plutôt que les intérêts marchands à court terme, nos ressources marines ne seraient pas en péril.

→ ....

....

3. Si l'augmentation de la température moyenne mondiale est ramenée à moins de 2 % d'ici la fin du siècle, la catastrophe climatique annoncée sera évitée.

→ ....

....

9

Complétez les phrases librement. Puis dites s'il s'agit du but ou de la conséquence.

	But	Conséquence
1. Il n'existe aucune traçabilité en matière d'OGM dans la nourriture que l'on donne aux bovins **de sorte que**		
2. Greenpeace dispose d'une flotte de navires très importante qui sillonne les mers **de telle sorte que**		
3. Un quart des poissons est issu de la pêche « pirate ». Un plan d'action international doit être mis en œuvre **de sorte que**		
4. Des convois de combustibles et de déchets dangereux traversent régulièrement le pays **de sorte que**		
5. Nombreux sont ceux qui réclament le développement de l'agriculture bio **de sorte que**		

Le subjonctif
10

Développez les phrases comme dans l'exemple.

Exemple : Il est indispensable / les gouvernements / forte réduction de l'utilisation des énergies fossiles
→ *Il est indispensable*
- *que les gouvernements **réduisent** fortement l'utilisation des énergies fossiles.*
- *que l'utilisation des énergies fossiles **soit** fortement **réduite** par les gouvernements.*

1. Nous proposons / tous les pays / inscription de la réduction de la consommation d'énergie dans le cadre de leurs priorités

→ ....

....

....

2. Nous nous attendons à / les autorités / refus de la régulation des émissions d'origine agricole

→ ....

....

....

3. Nous exigeons / les gouvernements / mise en place d'une véritable politique innovante pour développer les transports propres

→ ....

....

....

4. Il importe / nous / amélioration de la performance énergétique du secteur du bâtiment, aussi bien pour les logements anciens que récents

→ ....

....

....

5. Nous tenons à / vous / instauration de la taxe carbone qui s'appuie sur le principe « pollueur-payeur »

→ ....

....

....

6. Il est urgent / les pays signataires / atteindre ses objectifs en matière de piégeage et de stockage du CO_2

→ ....

....

....

11

Réagissez aux propos de l'exercice 10 en exprimant vos doutes, craintes ou jugements de toutes sortes.

Exemple : *(doute)* **Je doute qu'**on puisse encore longtemps exploiter les énergies fossiles.
(crainte) **Je crains que** la rareté des énergies fossiles vienne à créer des tensions géopolitiques dans le monde.
(jugement) **C'est incroyable que** tout le monde ne fasse pas le rapprochement entre exploitation des énergies fossiles et réchauffement de la planète.

Doute :...

....

....

....

Crainte :...

....

....

Jugement :...

....

....

....

Indicatif ou subjonctif ?

12

Conjuguez les verbes au mode qui convient.

1. Il me semble que chacun..................................(devoir) prendre conscience du problème du réchauffement climatique.

2. Je doute que le seul recours aux énergies de substitution ....(suffire) à couvrir tous nos besoins énergétiques.

3. Il semble que nous ....(dépendre) des approvisionnements pétroliers.

4. Il est probable que, dans quelques années, la pénurie relative de pétrole ....(handicaper) les pays émergents.

5. Je me doute bien que les générations futures .... (être) plus éco-responsables que nous.

6. Chaque pays souhaite que les décisions prises en commun .... (ne pas aller) trop à l'encontre de ses intérêts particuliers.

7. À l'issue du sommet de Copenhague, les ONG écologistes espèrent que les pays signataires .... (maintenir) leurs objectifs de réduction d'émission de CO_2.

8. Il est bien possible que l'accroissement des activités humaines .... (avoir) une incidence sur le climat.

9. Il ne me semble pas qu'il .... (falloir) brosser un tableau apocalyptique de l'avenir de notre planète.

Style

> **L'oxymore** est une figure de style consistant à juxtaposer deux termes de sens opposé, normalement incompatibles, mais qui frappent l'imagination par l'image insolite et contradictoire qui en découle.
>
> Exemples : « un silence assourdissant » (Albert Camus, *La Chute*)
>
> « Elle se hâte avec lenteur » (Jean de La Fontaine, *Le lièvre et la tortue*)
>
> Certains oxymores sont passés dans la langue courante : *clair-obscur, aigre-doux, doux-amer, réalité virtuelle.*

Identifiez et expliquez les oxymores présents dans les extraits littéraires suivants.

1. « Élan insensé et infini aux splendeurs invisibles, aux délices insensibles, et ses secrets affolants pour chaque vice, et sa gaîté effrayante pour la foule. » (Arthur Rimbaud, *Illuminations*)

....

2. « Je suis le Ténébreux, le Veuf, l'Inconsolé,

Le Prince d'Aquitaine à la Tour abolie :

Ma seule Étoile est morte, et mon luth constellé

Porte le Soleil noir de la Mélancolie » (Gérard de Nerval, *El Desdichado*)

....

3. « À la première haleine de la forêt, mon cœur se gonfle. Un ancien moi-même se dresse, tressaille d'une triste allégresse, pointe les oreilles, avec des narines ouvertes pour boire le parfum. » (Colette, *Les Vrilles de la vigne*)

....

4. « Cette obscure clarté qui tombe des étoiles

Enfin avec le flux nous fait voir trente voiles ;

L'onde s'enfle dessous, et d'un commun effort

Les Maures et la mer montent jusqu'au port. » (Corneille, *Le Cid*)

....

14

Tentez de reconstituer l'oxymore présent dans chacune des citations suivantes. Reportez-vous au corrigé p. 114 pour retrouver la citation originale.

1. « La clarté .... des réverbères » (Baudelaire, *Les Paradis artificiels*)

2. « Cette .... horreur » (Balzac, *Le Colonel Chabert*)

3. « Sa .... figure laide sourit tristement » (Alphonse Daudet, *Le Petit Chose*)

4. « Cette .... grande âme venait de s'envoler » (Victor Hugo, *Les Misérables*, à propos de la mort de Gavroche)

5. « Je voulais en mourant prendre soin de ma gloire,

Et dérober au jour une flamme si .... » (Racine, *Phèdre*)

QUIZ CULTUREL

1 En 1901 est créé le concours Lépine. Quel est son objectif ?

a récompenser une invention originale

b récompenser l'industriel de l'année

c récompenser l'œuvre architecturale de l'année

2 En 1950, quel produit le baron Bich commercialisa-t-il, inaugurant ainsi l'ère du « jetable » ?

a un rasoir   **b** un stylo à bille   **c** un briquet

3 Parmi ces inventions, quel est l'intrus ?

a la poubelle   **b** la guillotine   **c** le macadam   **d** l'ampoule

4 Qui est considéré comme l'inventeur de la photographie ?

a Louis Daguerre   **b** Joseph Nicéphore Niépce   **c** Louis Lumière

5 Quelle est la part du nucléaire dans la production électrique française ?

a 25 %   **b** 60 %   **c** 78 %

6 Comment appelle-t-on l'énergie produite à partir de matières premières et dont la combustion entraîne des gaz à effet de serre ?

a l'énergie fossile   **b** l'énergie hydraulique   **c** l'énergie nucléaire

7 En mars 2007, les dirigeants européens se sont engagés à augmenter de ... % la part des énergies renouvelables dans leur consommation en 2020.

a 5 %   **b** 20 %   **c** 40 %

8 Qu'est-ce que le Grenelle de l'environnement ?

a un jardin rassemblant des espèces végétales cultivées selon les principes de l'agriculture biologique

b un musée où sont présentées les différentes techniques de production d'énergies propres

c un débat réunissant les représentants du gouvernement et les associations de protection de la nature

9 En quelle année fut créé le ministère de l'Environnement ?

a 1971   **b** 1981   **c** 1991

10 Quel pays n'a pas ratifié le protocole de Kyoto ?

a la Russie   **b** la Chine   **c** les États-Unis

11 Quel photographe français a réalisé en 2009 un documentaire sur l'état de la Terre vue du ciel ?

a Nicolas Hulot   **b** Yann Arthus-Bertrand   **c** Henri Cartier-Bresson

12 Quel architecte franco-suisse, concepteur de la Cité radieuse à Marseille, a son portrait sur les billets de 10 francs suisses ?

a Le Corbusier   **b** Jean Nouvel   **c** Gustave Eiffel

LEXIQUE

Virtuel et imaginaire

1

Complétez les phrases avec les mots suivants. Faites les accords nécessaires.

chimère - fantasme - illusion - mirage - utopie - vision - trompe-l'œil - hallucination - rêve

1. « La vie est un sommeil, l'amour en est le .... et vous aurez vécu si vous avez aimé. » (Alfred de Musset)

2. « Aucune carte du monde n'est digne d'un regard si le pays de l'..................................... n'y figure pas. » (Oscar Wilde)

3. Je réalisai soudain que ce village aperçu au loin n'avait jamais existé, qu'une fois encore j'avais été victime d'un ....

4. Bernadette Soubirou prétendait que la Vierge Marie lui était apparue. Elle a eu sa première .... à Lourdes le 11 février 1858.

5. « Le cigare donne à ceux qui sont pauvres l'..................................... de la richesse. Il en donne l'assurance à ceux qui sont fortunés. » (Sacha Guitry)

6. « Votre plus haut savoir n'est que pure ...., vains et peu sages médecins ; vous ne pouvez guérir, par vos grands mots latins, la douleur qui me désespère. » (Molière, *Le Malade imaginaire*)

7. Dans le quartier Saint-Michel, j'ai cru voir hier une pyramide. Il ne s'agissait en fait que d'un .... peint sur un mur.

8. Que serait la vie si nous pouvions assouvir tous nos .... ?

9. La forte fièvre qu'il avait le faisait délirer et il semblait en proie à des .... épouvantables.

2

Complétez le texte avec les mots suivants.

tangible - fictif - patent - illusoire - réel - authentique - potentiel

L'opposition .... (1) / virtuel est-elle pertinente ? L'usage commun l'a en tout cas faite sienne, faisant de « virtuel » un quasi synonyme de « .... (2) », d'« imaginaire », avec fréquemment une connotation péjorative. Qualifier une politique, une intention de purement virtuelle relègue celle-ci dans la sphère des chimères et des velléités. En outre, si l'on entend « réel » au sens de « vrai, ... (3), naturel », le jeu de l'opposition pousse le « virtuel » dans l'aire de l'artificiel, du faux, voire du faux .... (4), trompeur, donc dangereux.

Dans le vocabulaire scolastique, *virtualis* ne s'oppose pas à réel, mais à actuel ; le premier existe en puissance, le second en acte. Un exemple classique est celui du bloc de marbre qui contient virtuellement une statue qu'un sculpteur actualisera ; ou bien celui de la graine qui s'actualisera en plante. Réel et actuel sont du côté du .... (5), du manifeste, du ici et maintenant et éventuellement du .... (6). Possible et virtuel sont du côté du latent, du .... (7), de la promesse.

D'après *Le Dictionnaire culturel en langue française*, Le Robert, 2005

Le jeu

3

Rétablissez la logique du texte en mettant les mots soulignés à la bonne place. Faites les modifications nécessaires.

La diversité des emplois des mots *jeu* et *jouer* est à la mesure de la diversité du monde ludique. Le jeu est associé, le plus souvent, à l'idée de délassement, de <u>coalitions</u> (.......................................) et de plaisir, voire de <u>risque</u> (.......................................), par opposition au travail et au sérieux.

Ce qui caractérise le jeu, par comparaison avec d'autres activités, c'est tout d'abord qu'il est une <u>interaction</u> (.......................................) en soi. Il s'agit d'une activité superflue, improductive, même quand il y a <u>divertissement</u> (.......................................) financier.

Les jeux de société ont posé de nombreux problèmes aux mathématiciens. Six lettres échangées par Blaise Pascal et Pierre de Fermat ont été le point de départ de la théorie moderne des <u>frivolités</u> (.......................................) et de la théorie des jeux. Cette dernière étudie les <u>enjeux</u> (.......................................) entre plusieurs acteurs (joueurs), leurs décisions et leurs évolutions – dès lors qualifiés de « <u>fins</u> (.......................................) » –, l'apparition des conflits et leur gestion, la formation de <u>probabilités</u> (.......................................) et la prise de <u>stratégies</u> (.......................................).

Les verbes introducteurs

4

Remplacez le verbe *dire* par un verbe introducteur correspondant à la précision donnée entre parenthèses. Proposez au moins deux verbes possibles.

Quand M. Boyer a vu que son fils Marc était encore en train de jouer en réseau sur l'ordinateur en dépit de ses mises en garde répétées, il a **dit** *(avec une forte intensité vocale)* .... / .... (1) qu'il allait revendre l'ordinateur.

Il lui a ensuite **dit** *(ordre)* .... / .... (2) de ranger sa chambre. Marc a **dit** *(désaccord)* .... / .... (3) que ce n'était pas juste, qu'il n'avait pas encore fini sa partie.

Puis son père lui a demandé s'il avait fait ses devoirs. Marc a bien été obligé de **dire** *(déclaration forcée)* .... / .... (4) que non. Il a **dit** *(avec hésitation)* .... / .... (5) qu'il s'excusait et a **dit** *(avec une faible intensité vocale)* .... / .... (6) qu'il allait tout de suite s'y mettre.

Son père l'a alors entendu **dire** *(réciter de façon hésitante)* .... / .... (7) : « neuf fois huit soixante-douze, neuf fois neuf quatre-vingt-un », et ainsi de suite.

Une fois sa leçon apprise, Marc est venu **dire à** *(sur un ton de supplique)* .... / .... (8) son père de ne rien dire à sa mère.

S'en voulant de s'être emporté, son père lui a **dit** *(promesse)* .... / .... (9) de ne rien révéler.

Néanmoins, il lui a **dit** *(interdiction)* .... / .... (10) de jouer aux jeux vidéo pour le reste de la journée.

GRAMMAIRE

Le discours indirect au passé

5

Rapportez les paroles suivantes comme dans l'exemple.

Exemple : « Le harcèlement dans le monde virtuel ne met pas à l'abri de sanctions dans le monde réel. »
→ *Une avocate spécialiste du droit du travail **a déclaré que** le harcèlement dans le monde virtuel **ne mettait pas** à l'abri de sanctions dans le monde réel.*

1. « 42 millions de personnes sont des utilisateurs réguliers des réseaux sociaux. Ce nombre devrait atteindre 107 millions en 2012. »

Elle a dit que ....

....

....

2. « Cependant, les internautes ne sont pas tous de "gentils utilisateurs" et des comportements répréhensibles, tels que le harcèlement, se sont développés sur Internet ces dernières années. Par exemple, en 2006, une employée a été condamnée pour violences volontaires avec préméditation sur une collègue. »

Elle a poursuivi en disant que ....

....

....

....

3. « Cette employée s'est fait passer pour sa collègue sur divers sites de rencontres et a divulgué ses coordonnées personnelles. »

Elle a expliqué que ....

....

....

4. « Le problème, en France, c'est que le cyber-harcèlement n'est pas condamné alors que, dans le cadre des relations au travail, il pourrait être assimilé au harcèlement moral défini par le Code du travail. »

Puis elle a précisé que ....

....

....

5. « Le règlement interne de l'entreprise doit comporter des dispositions légales concernant le harcèlement moral et, si l'employeur - au courant ou non de tels agissements - ne respectait pas cette obligation, il pourrait être condamné à indemniser le préjudice du salarié victime de harcèlement moral. »

Elle a ajouté que ....

....

....

....

....

6. « Il est primordial que la vie privée soit efficacement protégée et la lutte contre la diffusion d'informations préjudiciables ou diffamatoires sur Internet sera l'un des combats importants des années à venir. »

Elle a conclu en déclarant que ....

....

....

6

Lisez ces extraits de journal tirés du *Horla* de Guy de Maupassant. Rapportez les paroles en variant les verbes introducteurs.

---

12 mai. – J'ai un peu de fièvre depuis quelques jours ; je me sens souffrant, ou plutôt je me sens triste.

16 mai. – Je suis malade, décidément ! Je me portais si bien le mois dernier !

5 juillet. – Ai-je perdu la raison ? Ce qui s'est passé, ce que j'ai vu la nuit dernière est tellement étrange, que ma tête s'égare quand j'y songe !

6 juillet. – Je deviens fou. On a encore bu toute ma carafe cette nuit ; – ou plutôt, je l'ai bue !

Mais, est-ce moi ? Est-ce moi ? Qui serait-ce ? Qui ? Oh ! mon Dieu ! Je deviens fou ! Qui me sauvera ?

16 juillet. – J'ai vu hier des choses qui m'ont beaucoup troublé.

21 juillet. – Décidément, tout dépend des lieux et des milieux. Croire au surnaturel dans l'île de la Grenouillère, serait le comble de la folie… mais au sommet du mont Saint-Michel ?… mais dans les Indes ? Nous subissons effroyablement l'influence de ce qui nous entoure. Je rentrerai chez moi la semaine prochaine.

30 juillet. – Je suis revenu dans ma maison depuis hier. Tout va bien.

10 août. – Rien ; qu'arrivera-t-il demain ?

16 août. – J'ai pu m'échapper aujourd'hui pendant deux heures, comme un prisonnier qui trouve ouverte, par hasard, la porte de son cachot. J'ai senti que j'étais libre tout à coup et qu' « il » était loin. J'ai ordonné d'atteler bien vite et j'ai gagné Rouen. Oh ! quelle joie de pouvoir dire à un homme qui obéit : « Allez à Rouen ! »

Puis, au moment de remonter dans mon coupé, j'ai voulu dire : « À la gare ! » et j'ai crié, – je n'ai pas dit, j'ai crié – d'une voix si forte que les passants se sont retournés : « À la maison », et je suis tombé, affolé d'angoisse, sur le coussin de ma voiture. Il m'avait retrouvé et repris.

19 août. – Je le tuerai. Je l'ai vu ! je me suis assis hier soir, à ma table ; et je fis semblant d'écrire avec une grande attention.

10 septembre. – « Non… non… sans aucun doute, sans aucun doute… il n'est pas mort… Alors… alors… il va donc falloir que je me tue, moi !… »

Guy de Maupassant, *Le Horla*, 1887

---

*Le 12 mai, mon patient **a déclaré qu'**il avait un peu de fièvre depuis quelques jours, **qu'**il se sentait souffrant, ou plutôt **qu'**il se sentait triste.*

Je l'ai revu le 16 mai et il ....

....

....

....

....

....

....

....

....

....

....

....

....

....

....

....

....

....

....

....

....

L'accord du participe passé

7

Accordez si nécessaire.

1. Mes parents se sont rencontré__ sur Internet en jouant à *Donjons et Licornes*[1]. Ils se sont parlé__, ils se sont observé__, ils se sont plu__ et finalement ils se sont marié__.

2. J'ai fait une partie de *Donjons et Licornes* qui s'est joué__ sur six mois. Les six mois que j'ai passé__ à jouer à ce jeu ont été très durs. Je ne dormais presque plus.

3. Ces jeux de rôles se sont biens vendu__ . Dans notre cas, les 15 euros qu'il a coûté__ ont vite été amorti__, compte tenu des heures de jeu et des sensations qu'il nous a procuré__.

4. Elle croyait être arrivé__ au dernier plateau du jeu quand elle s'est aperçu__ qu'elle s'était trompé__. Elle s'est cassé__ la tête sur la dernière énigme. Toutes les clés du château avaient été trouvé__, sauf celle pour ouvrir le donjon.

5. Lorsque les deux chevaliers se sont enfin croisé__, ils se sont battu__.

6. Les enfants se sont succédé__ toute la journée devant l'ordinateur. Je les ai regard__ jouer et ils s'en sont donn__ à cœur joie ! Je joue aussi à ce jeu. Le soir, nous nous racontons les histoires que nous avons vécu__ dans le monde virtuel.

7. Parfois, je repense avec tristesse aux quarante-six années que j'ai vécu__ avant d'avoir le plaisir de jouer à ce jeu !

8. Ce jeu nous a fait__ connaître des gens du monde entier que j'ai trouvé__ charmants.

9. Les jeux vidéo que j'ai essayé__ sont plus intéressants que je le croyais. Et vous, en avez-vous déjà essayé__ certains ? Si oui, combien de jeux avez-vous apprécié__ ?

10. Nous nous sommes laiss__ dire que ces jeux favorisaient le développement cognitif de l'enfant.

1. Jeu de rôles en réseau

Temps et modes

8

Conjuguez les verbes aux temps et mode qui conviennent.

> *Dans ce passage, le jeune Marcel Proust – enfant fragile et hypersensible – tente de comprendre les raisons d'une séparation forcée d'avec sa mère et imagine cette vie à venir, loin de ses parents.*
>
> Pour la première fois, je sentais qu'il était possible que ma mère .... (vivre) sans moi, autrement que pour moi, d'une autre vie. Elle .... (aller) habiter de son côté avec mon père à qui peut-être elle .... (trouver) que ma mauvaise santé, ma nervosité .... (rendre) l'existence un peu compliquée et triste. Cette séparation me .... (désoler) davantage parce que je me .... (dire) qu'elle .... (être) probablement pour ma mère le terme des déceptions successives que je lui .... (causer), qu'elle me .... (taire) et après lesquelles elle .... (comprendre) la difficulté de vacances communes ; et peut-être aussi le premier essai d'une existence à laquelle elle .... (commencer) à se résigner pour l'avenir, au fur et à mesure que les années .... (venir) pour mon père et pour elle, d'une existence où je la .... (voir) moins, où, ce qui même dans mes cauchemars .... (ne jamais m'apparaître), elle .... (être) déjà pour moi un peu étrangère, une dame qu'on .... (voir) rentrer seule dans une maison où je .... (ne pas être), ... (demander) au concierge s'il .... (ne pas avoir) de lettres de moi.
>
> D'après Marcel Proust, *À la recherche du temps perdu, À l'ombre des jeunes filles en fleurs*, 1919

Style

> **Le cliché** est un terme emprunté au domaine de la photographie. On nomme ainsi une formule ou une idée qui, très souvent répétée en des termes identiques, est devenue banale, voire usée.
>
> Différents procédés peuvent intervenir dans la fabrication d'un cliché, par exemple :
> - la métaphore (*une faim de loup*) ;
> - l'association attendue de mots formant un tout homogène (*manquer cruellement, rire aux éclats*) ;
> - le recours à des expressions et tournures passant pour raffinées (*une amitié indéfectible, sonner le glas*).

9

Rue 89 (site Internet d'information et de débats) a répertorié les 14 clichés les plus souvent détectés dans les médias. Lisez le classement ci-dessous, puis expliquez chacun de ces clichés (reportez-vous au corrigé p. 116 pour ceux que vous n'avez pas compris).

1. « la cerise sur le gâteau »
2. « dans la cour des grands »
3. « le vent en poupe »
4. « un pavé dans la mare »
5. « caracoler en tête »
6. « revoir sa copie »
7. « l'ironie de l'histoire »
8. « la balle est dans leur camp »
9. « ne connaît pas la crise »
10. « la partie émergée de l'iceberg »
11. « À qui profite le crime ? »
12. « les quatre coins de l'Hexagone »
13. « s'enfoncer dans la crise »
14. « affaire à suivre »

1. ....
2. ....
3. ....
4. ....
5. ....
6. ....
7. ....
8. ....
9. ....
10. ....
11. ....
12. ....
13. ....
14. ....

10

Lisez ensuite la réponse pleine d'humour du journal *Le Télégramme* à Rue 89. Puis réécrivez-la en langage « normal ».

Être cités dans votre article est la **cerise sur le gâteau**, qui prouve que nous avons **le vent en poupe**. Nous allons assurément **caracoler en tête** de *Google Actualités* !

Ce **pavé dans la mare** va inciter de nombreux journaux à **revoir leur copie** s'ils veulent continuer à jouer **dans la cour des grands** et ne pas connaître la crise. **La balle est donc dans leur camp.**

Ironie de l'histoire, tout cela n'est que **la partie émergée de l'iceberg**. La presse papier va mal et s'enfonce dans la crise.

Aux quatre coins de l'Hexagone, les journaux vont se demander **à qui profite le crime**... Affaire à suivre !

....
....
....
....
....
....
....
....
....
....
....
....

QUIZ CULTUREL

1 Qu'est-ce que le PMU (pari mutuel urbain) ?

a une assurance pour les joueurs de casino

b une entreprise gérant les paris hippiques

c un réseau de paris clandestins

2 Quel philosophe français a démontré qu'il était avantageux de parier sur l'existence de Dieu ?

a Blaise Pascal   b Voltaire   c Jean-Paul Sartre

3 Lorsqu'on joue au tiercé, que fait-on ?

a On parie sur les trois personnalités les plus populaires de l'année.

b On mise trois euros sur l'équipe de rugby gagnante.

c On pronostique les trois premiers chevaux gagnants d'une course.

4 Le chiffre d'affaires annuel de la Française des Jeux avoisine les :

a 3 milliards d'euros   b 6 milliards d'euros   c 9 milliards d'euros

5 Les paris en ligne sont autorisés en France depuis :

a janvier 1996   b mars 2001   c mai 2010

6 Quel jeu de carte peut aussi servir à la divination ?

a le jeu des 7 familles   b le tarot   c le Uno

7 Quel est le sens premier du mot « avatar » ?

a l'incarnation d'une divinité indienne   b un fantôme   c une cérémonie du culte animiste

8 Parmi ces auteurs, lequel n'a pas écrit de roman réaliste ?

a Maupassant   b Zola   c Chateaubriand   d Flaubert

9 Comment s'appelle le réalisateur du *Fabuleux destin d'Amélie Poulain* et de *La cité des enfants perdus* ?

a Jean-Pierre Jeunet   b Luc Besson   c Éric Rohmer

10 Quel ouvrage n'a pas été écrit par Gustave Flaubert ?

a *La Tentation de saint Antoine*   b *Mémoires d'un fou*   c *Salammbô*

d *L'Assommoir*   e *Un cœur simple*   f *L'Éducation sentimentale*

11 Qu'est-ce que le « neuvième art » ?

a la bande dessinée   b les jeux vidéo   c la photographie

LEXIQUE

Art et imitations

1

Complétez le texte avec les mots suivants. Faites les accords nécessaires.

nouveauté - créateur - académisme - visionnaire - œuvre - expression - classique - forme - art - goût - canon

---

L'ART ET LE GOÛT

Ce que certains artistes rejettent, c'est tout ce qui tend à l'................................. (1). Le propre de leur action, c'est

de bouleverser les .... (2) convenues, de les défaire et de les refaire en permanence, de toujours

aller plus loin, quels que soient les jugements que leurs contemporains portent sur leurs .... (3).

L'histoire fourmille d'exemples de .... (4) en avance sur leur époque, qui étaient de grands

.... (5), et qui sont devenus de grands .... (6). Cela signifie que les

.... (7) du goût d'une époque ne sont pas figés et que le but de l'................................. (8)

est bien de se moquer du bon comme du mauvais goût, d'envoyer valser toute police du goût. Le vrai

.... (9), en définitive, c'est le sentiment du public, qui reconnaît la................................. (10)

ou l'intensité d'une .... (11) artistique, qu'il s'agisse des bouteilles de Coca-Cola multipliées à

l'infini d'Andy Warhol ou des effets syntaxiques inattendus de Louis-Ferdinand Céline.

D'après une interview de la philosophe du goût Fabienne Brugère, *Télérama*, décembre 2008

2

Entourez le mot qui convient.

1. Entouré de ses œuvres, le **copieur / faussaire** a comparu hier devant le tribunal pour une vaste escroquerie de toiles contrefaites.

2. La romancière Camille Laurens a accusé sa consœur Marie Darrieussecq **d'imitation / de plagiat**.

3. Proust, afin de « se purger du vice naturel d'idolâtrie et d'imitation », s'est contraint à écrire des **pastiches / reproductions** en imitant le style des écrivains qui l'influençaient.

4. Cet article n'est qu'un(e) vulgaire **copier-coller / contrefaçon** d'un article du critique d'art Jean-Louis Ferrier.

5. Hier, dans la rue, j'ai vu le **double / sosie** de Jean-Michel Basquiat.

6. Les statues présentes sur le Pont Charles, à Prague, ne sont en fait que des **calques / répliques** des originales.

7. C'est un comique talentueux. Ses **imitations / copies** des hommes politiques sont parfaites. Et il n'a même pas besoin de parler pour faire rire : ses **parodies / mimes** sont elles/eux aussi hilarant(e)s.

Ne confondez pas

3

Complétez les phrases avec l'adjectif qui convient. Faites les accords nécessaires.

triomphant / triomphal - vénéneux / venimeux - original / originel - éminent / imminent - oisif / oiseux - criant / criard - imagé / imaginé - notable / notoire - intense / intensif

1. J'aime la façon de parler et les formules .... de ce metteur en scène.

2. L'exposition m'a été présentée par un .... spécialiste.

3. En montrant ce qui peut arriver aux bénévoles venant en aide aux réfugiés, le film *Welcome* dénonce une injustice ....

4. À la fin du roman, l'héroïne meurt empoisonnée par des champignons ....

5. Tout le monde est au courant des déboires conjugaux de cet acteur ; c'est un fait ....

6. Lors de la montée des marches du Festival de Cannes, le public lui a réservé un accueil ....

7. On peut découvrir au musée du quai Branly une exposition sur l'art polynésien : chaque pièce est présentée dans son contexte ....

8. L'acteur explique qu'il a dû se soumettre à un entraînement .... pour pouvoir exécuter les cascades de son dernier film.

Suffixes péjoratifs

Certains suffixes (*-ard, -âtre, -aud, -asse, -asser, -ailler*, etc.) ajoutés au radical d'un mot confèrent à celui-ci une connotation péjorative.
Exemples : faible → faiblard, marron → maronnasse, doux → douceâtre

4

Modifiez le sens des mots en gras en y ajoutant un suffixe péjoratif.

1. Hermann Kafka reprochait à son fils Franz de ne pas assez travailler et de trop **rêver**. (→ ....)

2. Le mélange des couleurs n'était pas très heureux et donnait une tonalité **verte** à l'ensemble du tableau. (→ ....)

3. Ils ont **discuté** pendant des heures au sujet de la dernière œuvre de Jeff Koons. (→ ....)

4. On a beau dire que la cuisine moléculaire est du grand art, je trouve certains mélanges assez **fades**. (→ ....)

5. Cet homme **rouge** à l'allure débraillée n'en était pas moins un merveilleux poète. (→ ....)

6. Même s'ils ont fait appel à un grand designer italien pour la décoration, je trouve que leur duplex fait un peu **vieux**. (→ ....)

7. Cet accident a fait la une des journaux : la police recherche toujours le **chauffeur**. (→ ....)

8. Le décor était minimaliste : seul un mur **jaune** occupait le fond de la scène. (→ ....)

Sens propre et sens figuré

5

Complétez les phrases avec le mot approprié au sens propre puis au sens figuré.

1. Sens propre → Après avoir essayé l'aquarelle et le pastel, je suis passé à la .... à l'huile.

   Sens figuré → Les pièces de Marivaux sont une véritable .... des mœurs de l'époque.

2. Sens propre → En aquarelle, on peut jouer sur la transparence des ....

   Sens figuré → Plus on approche du dénouement, plus le récit prend une .... tragique.

3. Sens propre → Lorsqu'on dessine un paysage, il est important de respecter les ....

    Sens figuré → La .... de voir enfin *La Traviata* me réjouit.

4. Sens propre → Le peintre s'asseyait devant son chevalet, sa .... à la main, et peignait durant des heures.

    Sens figuré → Cette comédienne a un visage très expressif qui parvient à restituer une large ....
d'émotions.

5. Sens propre → Votre ciel manque de profondeur, vous devez travailler davantage les .... de bleu.

    Sens figuré → Pour moi les deux expressions veulent dire la même chose, je ne vois pas où est la ....
de sens.

GRAMMAIRE

La place de l'adjectif

6

Placez correctement les adjectifs proposés. Faites les accords nécessaires.

1. Connaissez-vous ce vers de Lamartine : « Un .... être .... (seul) vous manque et tout est
dépeuplé » ?

2. Ce roman relate la .... histoire .... (triste) d'une .... femme ....
(seul), perdue au cœur d'une ville sans âme.

3. Séraphine de Senlis était une .... fille .... (brave). Lavandière, elle lavait le ....
linge .... (sale) des particuliers. Mais elle avait une .... vie .... (double) : elle était
également peintre. Elle fabriquait ses .... couleurs .... (propre) et, avec un .... pinceau
.... (simple) et quelques cartons, créait des .... tableaux .... (unique).
Par un .... hasard .... (curieux), un .... critique d'art .... (renommé) de
l'époque vit une de ses peintures et comprit qu'il venait de découvrir un .... talent .... (grand).
L'histoire de cette .... fille .... (simple) au .... destin .... (singulier) a
été portée à l'écran en 2008.

La comparaison

7

Reformulez en utilisant l'expression donnée ou simplement suggérée.

Exemple : Des écrivains comme Rousseau et Chateaubriand sont considérés comme les précurseurs du romantisme.
(→ **tels**...)
→ *Des écrivains **tels que** Rousseau et Chateaubriand sont considérés comme les précurseurs du romantisme.*

1. Ce que cet essayiste aime par-dessus tout, c'est bousculer les idées reçues. (→ **rien tant**...)

....

....

2. Cette maison, je l'ai conçue exactement comme je l'avais imaginée. (→ **telle**...)

....

....

3. L'œuvre d'Auguste Rodin est animée d'un souffle tragique, voire épique ; celle de Camille Claudel, son élève, également.

(→ **à l'instar de**)

....

....

4. Ce salarié, tout comme ses collègues, a droit à des réductions pour les expositions au Grand Palais. (→ **au même...**)

....

....

Prépositions

8

Complétez les phrases avec la préposition qui convient.

1. Je préfère Debussy .... Satie.

2. Il me paraît peu judicieux de rapprocher ce jeune artiste .... Ferdinand Léger.

3. Le mouvement surréaliste s'apparente .... le dadaïsme.

4. Cela me sidère qu'on puisse confondre une vulgaire imitation .... l'original.

5. Pouvons-nous vraiment comparer Jacques Brel .... Georges Brassens ?

6. L'organisation de ce festival est calquée .... celle du fameux festival cannois.

7. Le souci de se distinguer .... leurs contemporains pousse les artistes à se dépasser.

8. Le budget de ce film a dépassé .... plusieurs millions le budget initialement prévu.

9. Malheureusement, les choix des producteurs prévalent souvent .... ceux des artistes.

10. En ce qui concerne son esthétique, Jean Renoir, le cinéaste, tenait beaucoup .... son père, le peintre Auguste Renoir.

11. Je devais être distrait : j'ai pris cette vulgaire croûte .... un Degas !

9

Identifiez dans chaque phrase la préposition impropre et corrigez-la.

1. Le metteur en scène était en colère avec les acteurs qui n'avaient pas appris leur texte.

....

2. Il a longuement hésité avant de nous entretenir sur l'intrigue de son prochain roman.

....

3. Quand il a découvert que le jury ne lui avait décerné aucun prix, il a crié après l'injustice.

....

4. Il a détesté ce cours de musique, il n'est pas près à se réinscrire.

....

5. Il faut rappeler que c'est à cause des subventions de l'État que les petits théâtres peuvent encore vivre.

....

6. Pour progresser, je vous encourage de rejouer ce morceau chez vous tous les jours.

....

7. Elle n'a pas hésité de partir aux États-Unis pour rejoindre cette compagnie de danse professionnelle.

....

8. Il est prêt pour tous les sacrifices pour réussir sa carrière d'acteur.

....

9. Elle est très intéressée à la peinture et à l'art en général.

....

Le passif

10

Mettez les phrases à la voix passive.

1. Il est important de dresser un bilan de la politique française de soutien à la création artistique.

....

2. Il aime à raconter qu'un démon lui aurait soufflé toute son œuvre.

....

3. Le jury a décerné un prix spécial à cet acteur pour l'ensemble de sa carrière.

....

4. Je ne comprends pas que ce réalisateur ait pu tourner un tel navet.

....

5. Si nos maîtres nous avaient mieux guidés, nous aurions pu créer de grandes œuvres.

....

6. Le grand public ignorait son nom jusqu'à ce qu'on prime son film au Festival de Cannes.

....

7. Peu de gens ont lu ce livre, quoiqu'il ait fait l'objet d'une grande campagne de publicité.

....

8. Le roi de Suède remettra en personne le prix Nobel de littérature au cours d'une cérémonie officielle.

....

La ponctuation

11

Ponctuez correctement le texte à l'aide des signes de ponctuation suivants.

point (.) - virgule (,) - point-virgule (;) - deux-points (:) - point d'interrogation (?) - guillemets (« ») - tirets (–)

S'il fallait donner la définition de l'art au seul point de vue de son rôle dans l'éducation je dirais que c'est avant tout le sens de la beauté [...] Éveiller dans les âmes juvéniles le sens de la beauté c'est travailler à l'embellissement de la vie individuelle et au perfectionnement de la vie sociale Mais comment s'y prendre La question doit être embarrassante car je remarque que la plupart des solutions qu'on y a données sont maladroites et inefficaces En tous les cas ce ne

>>>

>>>

sont pas les nations les plus artistes qui paraissent le mieux inspirées sous ce rapport La Grèce et l'Italie n'ont presque rien fait en Allemagne et en France quelques efforts gauches ont été tentés C'est probablement en Amérique que se trouvent les initiatives les plus heureuses initiatives privées naturellement et parfois difficiles à découvrir Je me souviens d'avoir visité il y a dix ans à Saint-Louis du Missouri une modeste école des Beaux-Arts que le hasard seul m'avait fait connaître et d'avoir été vivement frappé par la simplicité géniale des procédés d'enseignement [...] Le professeur m'expliqua sa méthode C'est notre laboratoire dit-il Cet homme qui n'était pas un artiste consommé approchait l'étude de l'art tout simplement sans s'inquiéter de la routine et du convenu qui nous encombrent nous autres gens du vieux monde Disposant d'un maigre budget il ne pouvait acquérir lors de ses fréquents voyages outremer des objets très précieux Il prenait des notes et des croquis se procurait des photographies des reproductions de tout genre à travers les musées de l'Europe il cherchait son livre d'histoire à la main ce qui synthétise une époque et en évoque les aspirations intimes à leur plus belle période d'épanouissement et au retour ses élèves s'attelaient à reproduire sous sa direction avec quel intérêt passionné on le devine la beauté lointaine dont il leur rapportait l'image

Pierre de Coubertin, *Notes sur l'Éducation publique*, Hachette, 1901

Dites-le autrement

12

Reformulez les phrases librement.

manuel p. 135 **1.** Les rares moments où l'on voit la nature telle qu'elle est, poétiquement, c'était de ceux-là qu'était faite l'œuvre d'Elstir.

....

....

manuel p. 136 **2.** L'exercice de style, aussi intéressant soit-il, est loin de faire oublier [que] les œuvres des grands noms du genre sont désormais devenues ornementations inoffensives destinées à la haute société.

....

....

....

manuel p. 138 **3.** Les internautes peuvent en prime assister au tournage et donner leur avis sur certaines décisions artistiques.

....

....

manuel p. 142 **4.** Dans une clairière enneigée, une Citroën AX blanche [...] aurait l'air abandonnée si l'on ne distinguait quatre hommes aux cheveux très longs, assis dans la voiture.

....

....

....

Style

> **Un zeugma** (ou attelage) met sur le même plan, par coordination ou juxtaposition, deux éléments dissemblables : l'un a un sens propre, l'autre un sens figuré.
>
> Exemples : « Il admirait l'exaltation de son âme et les dentelles de sa jupe. » (Gustave Flaubert)
>
> → *Il admirait l'exaltation de son âme et en même temps il admirait les dentelles de sa jupe.*
>
> Il s'enferma dans sa chambre et dans sa solitude.
>
> → *Il s'enferma dans sa chambre et en même temps il s'enferma dans sa solitude.*

13

Cochez les citations qui contiennent un zeugma.

1. ❑ « Et la mer est amère, et l'amour est amer » (Marbeuf)

2. ❑ « Vêtu de probité candide et de lin blanc. » (Victor Hugo)

3. ❑ « Les marchands de boisson et d'amour » (Guy de Maupassant)

4. ❑ « un festin où s'ouvraient tous les cœurs, où tous les vins coulaient » (Arthur Rimbaud)

5. ❑ « Sous le pont Mirabeau coule la Seine

   Et nos amours » (Guillaume Apollinaire)

6. ❑ « Ces larges murs pétris de siècles et de foi. » (Lamartine)

7. ❑ « Cette obscure clarté qui tombe des étoiles » (Corneille)

8. ❑ « Les crimes engendrent d'immenses bienfaits et les plus grandes vertus développent des conséquences funestes » (Paul Valéry)

9. ❑ « Pourquoi ne faites-vous pas un saut en haut, chez moi ? J'ai des verres en papier et l'après-midi libre. » (Umberto Eco).

10. ❑ « Marcher à jeun, marcher vaincu, marcher malade » (Victor Hugo)

11. ❑ « Tout jeune Napoléon était très maigre

    et officier d'artillerie

    plus tard il devint empereur

    alors il prit du ventre et beaucoup de pays. » (Jacques Prévert)

12. ❑ « Tout nu dans la serviette qui me servait de pagne, J'avais le rouge au front et le savon à la main. » (Jacques Brel)

14

À vous ! Complétez les phrases pour former des zeugmas.

1. Il tira .... et des plans sur la comète.

2. Je lui ai donné une lettre et ....

3. Il sauta la barrière et ....

4. Il posa .... et son manteau.

5. Il était vêtu d'un costume et de ....

6. Retenez .... et une place d'avion.

7. Il poussa le verrou et ....

8. J'ai traversé la France et ....

9. J'ai 20 ans et ....

QUIZ CULTUREL

1 Qu'est-ce que Lascaux II ?

a le nom donné à la ville la plus proche de la grotte de Lascaux

b le fac-similé de la grotte de Lascaux

c un film sur la grotte de Lascaux

2 Quel est l'équivalent des Oscars américains pour la France ?

a les Césars **b** les Lions d'or **c** les Lumières

3 Lequel de ces écrivains n'a jamais reçu le prix Goncourt ?

a Marcel Proust **b** Elsa Triolet **c** François Mauriac **d** Tahar Ben Jelloun

4 Qu'est-ce que la FIAC ?

a la fédération internationale des acteurs de cinéma

b une chaîne de magasins de biens culturels

c une foire d'art contemporain

5 Quel film français de 2004 a remis à l'honneur la chorale ?

a *La Môme* **b** *Les Choristes* **c** *Gainsbourg, vie héroïque*

6 Classez ces mouvements artistiques dans l'ordre chronologique.

le cubisme - l'impressionnisme - l'expressionnisme - le fauvisme

....

7 Qu'est-ce qu'un cadavre exquis ?

a une technique de création poétique **b** un type de roman policier **c** le titre d'un film

8 Avec quel objet Marcel Duchamp signe-t-il en 1913 le premier *ready-made* ?

a un urinoir **b** un porte-bouteille **c** une roue de bicyclette

9 Quel monument parisien a été emballé en 1985 par l'artiste Christo ?

a le Pont Neuf **b** l'Arc de Triomphe **c** la pyramide du Louvre

10 Quel bâtiment emblématique de Paris abrite le musée national d'art moderne ?

a la gare d'Orsay **b** le centre Georges Pompidou **c** le Louvre

11 Lequel de ces tableaux n'est pas de Théodore Géricault ?

a *Officier de Chasseurs à cheval*

b *Le Forgeron*

c *La Liberté guidant le peuple*

d *Le Radeau de la Méduse*

e *Le Derby d'Epsom*

LEXIQUE

Médecine

1

Complétez les phrases avec les mots suivants. Faites les modifications nécessaires.

patient - honoraire - exercer - dépister - symptôme - ordonnance - diagnostiquer - consulter - auscultation - généraliste - complication - cabinet - traitant

1. Ce jeune diplômé a toujours eu envie d'………………………………… la médecine en milieu rural.

2. Tu dois prendre rendez-vous chez ton médecin ………………………………… pour faire renouveler ton

………………………………… .

3. Comment connaître le montant des ………………………………… des médecins non conventionnés ?

4. Beaucoup de gens ignorent qu'ils ont du diabète. Pour éviter des ………………………………… et

………………………………… cette maladie, il faut ………………………………… un médecin qui vous indiquera quels en

sont les ………………………………… .

5. Plusieurs syndicats de médecins ………………………………… réclament l'augmentation du tarif des consultations. Ils

appellent leurs adhérents à fermer leur ………………………………… le 22 avril en signe de protestation.

6. Lors de l'…………………………………, le médecin a repéré un encombrement des bronches. Après avoir interrogé

son ………………………………… sur ses difficultés respiratoires, il ………………………………… une bronchite.

2

Entourez le mot qui convient.

1. Contrairement à ce qu'on peut dire, en cas de brûlure, il ne faut pas **enduire / induire** de beurre la partie brûlée ; cela ne sert à rien.

2. C'est un centre de désintoxication pour personnes **alcooliques / alcoolisées**.

3. Ce baume est préparé à base de plantes **médicales / médicinales**.

4. Après trois semaines de repos, il aura certainement **recouvré / recouvert** la santé.

5. Lors de ce colloque, il a pu rencontrer des **collègues / confrères** ostéopathes du monde entier.

6. Pour préserver sa santé, il faut suivre certaines recommandations **nutritives / nutritionnelles**.

7. Au repos, la dépense **énergétique / énergisante** d'un sportif est plus élevée que celle d'une personne sédentaire.

8. Lors du dernier match de la saison, il s'est fait une **contraction / contracture** musculaire.

9. Les médecins se penchaient sur son cas avec grand intérêt et se perdaient en **conjonctures / conjectures** sur les causes de son mal.

10. Les bénévoles de cette ONG agissent avec **désintérêt / désintéressement**. Ils sont vraiment **méritants / méritoires**.

11. La balle du pistolet n'a heureusement fait qu'**effleurer / affleurer** l'épaule du lieutenant de police.

3

Identifiez les spécialisations médicales.

Qui est spécialiste des maladies...

1. de la bouche → ....

2. du sang → ....

3. du tube digestif → ....

4. des reins → ....

5. des poumons → ....

6. de la peau → ....

7. des yeux → ....

Quel spécialiste s'occupe...

1. des femmes enceintes → ....

2. des enfants → ....

3. de la santé féminine → ....

4. de la santé masculine → ....

5. des personnes âgées → ....

6. des cancers → ....

Sens propre et sens figuré

4

Complétez les phrases avec le mot approprié au sens propre puis au sens figuré. Conjuguez les verbes si nécessaire.

manuel p. 152 **Sens figuré** → Pour les OGM, où est l'urgence ? Qu'est-ce qui nous oblige à **trancher** à la va-vite ?

Sens propre → Vous devez **trancher** la viande avec un couteau adapté.

1. Sens propre → J'ai préparé une crème .... pour le dessert.

    Sens figuré → Il aime prendre des risques ; c'est une vraie tête ....!

2. Sens propre → Il ne faut pas déranger les femelles qui .... leurs œufs dans les nids.

    Sens figuré → Cet enfant est un peu fiévreux : il doit .... quelque chose.

3. Sens propre → Tu as encore le nez qui coule. ....-toi.

    Sens figuré → Cet infirmier, qui prenait des grands airs et faisait régner la terreur dans tout le service, s'est fait .... par le chirurgien.

4. Sens propre → Il ne s'est jamais complètement remis de sa chute de cheval. Maintenant, je le reconnais entre tous à sa démarche légèrement ....

    Sens figuré → Ce qu'il dit paraît, au premier abord, cohérent. Mais, en y regardant de plus près, on s'aperçoit que son argumentation est ....

5. Sens propre → Il est presque toujours malade en bateau. Lors de notre dernière croisière, il a passé la première nuit à ....

    Sens figuré → Quand il s'est rendu compte qu'il avait été victime d'une erreur médicale, il s'est mis à .... des imprécations à l'encontre du personnel soignant.

6. Sens propre → Louis Braille, l'inventeur de l'alphabet braille, n'est pas né .... : il l'est devenu à l'âge de trois ans.

    Sens figuré → Vous êtes un hypocondriaque ou un menteur ; il faut que votre médecin soit bien .... pour croire tout ce que vous lui dites.

7. Sens propre → Aujourd'hui, le laser permet d'atténuer ou de faire disparaître les .... de varicelle.

    Sens figuré → En Normandie, les plages du débarquement, en dépit de la beauté de ces étendues de sable blanc, ont conservé les .... de l'histoire.

Ne confondez pas

5

Complétez les phrases avec les expressions suivantes. Faites les modifications nécessaires.

à la faveur de - en faveur de - en raison de - à raison de - à l'encontre de - à la rencontre de

1. Je m'oppose à la recherche sur les cellules souches ; cela va .... tous mes principes.

2. Les opposants aux OGM se sont introduits dans un entrepôt .... la nuit et ont détruit tous les stocks de maïs génétiquement modifié.

3. .... une piqûre matin, midi et soir, vous serez vite remis sur pied.

4. Cette nouvelle émission scientifique vous propose d'aller .... éminents chercheurs.

5. .... les risques éventuels que peut encourir la population, le gouvernement n'a pas autorisé la culture des OGM.

6. Pour ne pas laisser la polémique enfler, le directeur de l'hôpital est intervenu publiquement .... le chirurgien incriminé.

GRAMMAIRE

Les doubles pronoms

6

Complétez avec les doubles pronoms qui conviennent.

1. Les armes ont été retrouvées : les malfaiteurs .... étaient débarrassés après avoir commis leur forfait.

2. J'ai besoin de plus d'informations pour mon article. Donnez-......... .... dès que possible !

3. Les preneurs d'otages se sont très mal comportés vis-à-vis de mon mari. Je ne .... pardonnerai jamais.

4. Il ne voulait pas aller au commissariat pour porter plainte, alors je .... ai mené de force.

5. Ces anciens détenus souhaitent se réinsérer dans la vie active. Le but de notre association est de .... aider.

6. La voiture garée sur le trottoir a été piégée par des terroristes : éloignez-......... .... sur le champ !

7. En état d'ébriété, nous avons insulté des passants. Nous .... demandons pardon.

8. Il a encore oublié que les portables étaient interdits dans l'enceinte de la prison ! Comptez sur moi pour .... rappeler !

9. Dormir à quatre dans la même cellule, ça ne vous plaît pas ? Habituez-......... .... parce que ce n'est pas près de changer !

Prépositions

7

Complétez les phrases avec *à* ou *de*.

1. La pharmacienne refuse de délivrer ce médicament .... un client qui n'a pas d'ordonnance.

2. Je te conseille ce médicament qui m'a très rapidement délivré .... ce rhume.

3. La situation médicale est ici tragique : nous manquons .... tout.

4. Ces médecins, en révélant des secrets médicaux à la presse, ont manqué .... la déontologie la plus élémentaire.

5. Si nous ne pratiquons pas de suite une intervention chirurgicale, la maladie risque .... s'aggraver.

6. Jamais le chirurgien ne se serait risqué .... une telle opération si l'urgence de la situation ne l'avait exigée.

7. Le jeune homme s'est échappé .... l'hôpital psychiatrique où il avait été interné.

8. Si la balle était rentrée deux centimètres plus à gauche, la victime n'aurait pas échappé .... la paralysie.

9. Le patient a demandé .... regagner son domicile le plus vite possible.

10. L'infirmière m'a demandé .... tenir la compresse.

Pronoms relatifs

8

Reliez les phrases au moyen d'un pronom relatif composé.

Exemple : La maladie a été diagnostiquée grâce aux symptômes du patient. Ces symptômes sont apparus à son retour de vacances.
→ *Les symptômes du patient, **grâce auxquels** la maladie a été diagnostiquée, sont apparus à son retour de vacances.*

1. De nombreux enfants ont été intoxiqués à la suite d'une absorption de pâte à modeler. Cette absorption est la conséquence d'un jeu qui a mal tourné.

....

....

2. L'intervention chirurgicale se fera sous la houlette du docteur Guibert. Le docteur Guibert est le chirurgien le plus réputé dans cette spécialité.

....

....

3. Ce praticien a été nommé président d'un comité d'éthique. Les dissensions sont nombreuses au sein de ce comité.

....

....

4. Les médecins se penchent sur ce cas mystérieux depuis des mois. Ce cas a d'étranges ressemblances avec ce qu'on appelle la « malédiction des pharaons ».

....

....

5. Après la mort suspecte de trois patients, le conseil d'administration de l'hôpital a demandé une enquête. Au cours de l'enquête, les soupçons se sont portés sur un infirmier de l'hôpital.

....

....

6. Une équipe de scientifiques européens a reçu le prix Nobel de médecine. Parmi ces scientifiques figure un virologiste français.

....

....

7. Les laboratoires suisses ont choisi de porter plainte pour diffamation. De graves accusations ont été lancées à l'encontre de ces laboratoires.

....

....

8. Ces recherches ont été réalisées au détriment de la santé des populations autochtones. Ces populations sont aujourd'hui menacées.

....

....

Indicatif ou subjonctif ?

cf. manuel p. 148 Réaumur est **le premier** biologiste qui **ait tenté** de prolonger la vie d'un mammifère.

9

Mettez les verbes entre parenthèses à l'indicatif ou au subjonctif.

1. L'inspecteur a trouvé une preuve qui .... (être) accablante.

   L'inspecteur cherche une preuve qui .... (être) accablante.

2. Dans cet épisode, il y a un policier qui .... (savoir) parler russe.

   Parmi vous, y a-t-il quelqu'un qui .... (savoir) parler russe ?

3. Cette série policière est la plus palpitante que je .... (connaître).

   De ces deux polars, c'est le plus noir que je .... (préférer).

4. On n'a pas encore trouvé de médicament qui .... (guérir) cette maladie.

   C'est actuellement le seul médicament qui .... (guérir) cette maladie.

10

Même consigne que l'exercice précédent.

1. Les gardiens sont certains qu'il .... (avoir) un complice au sein de la prison.

   Les gardiens ne sont pas certains qu'il .... (avoir) un complice au sein de la prison.

2. Pensez-vous qu'il .... (falloir) poursuivre l'enquête ?

   Lieutenant, est-ce que vous pensez qu'il .... (falloir) poursuivre l'enquête ?

3. Tout le monde reconnaît que ces cambrioleurs .... (être) très bien organisés.

   Que ces cambrioleurs .... (être) très bien organisés, tout le monde le reconnaît.

4. Le commissaire n'estime pas que l'on .... (devoir) procéder à une perquisition.

   Le commissaire estime que l'on .... (devoir) procéder à une perquisition.

5. Je suis convaincu que l'on .... (découvrir) tôt ou tard la vérité.

   Je ne suis pas convaincu que l'on .... (découvrir) un jour la vérité.

11

Même consigne que l'exercice précédent.

1. Tout le monde admet que la commissaire .... (avoir) raison de demander des analyses ADN poussées.

   Mais personne n'admet qu'elle .... (prendre) seule toutes les décisions.

2. À son air abattu, j'ai compris que quelque chose d'horrible .... (se passer).

   Après ce qui m'est arrivé, le chef comprend que je ne .... (vouloir) plus travailler sur ce dossier.

3. Supposons que vous .... (vouloir) vous venger de la famille, comment vous y prendriez-vous ?

   Je suppose que vous .... (connaître) la route pour venir chez nous.

4. Les de Lenclos prétendent que ce domestique les .... (faire) chanter.

   Je ne prétends pas que mon hypothèse .... (être) juste, mais je l'espère.

5. La famille de la victime était d'avis qu'il .... (falloir) arrêter les investigations.

Le commandant a déclaré aux policiers : « Je suis d'avis que vous .... (faire) encore quelques recherches sur le terrain pour éventuellement découvrir d'autres indices ».

6. Une personne normale ne s'imagine pas qu'on .... (pouvoir) commettre de tels actes.

Le public s'imagine que le héros .... (pouvoir) échapper à la police lors du dernier épisode.

Temps et modes

12

Conjuguez les verbes entre parenthèses aux temps et mode qui conviennent.

Malade ? Bien sûr qu'il l'*avait été* pour que sa mémoire .... (s'effacer) à ce point ; cela .... (s'appeler) amnésie. Quelqu'un lui .... (raconter) peut-être l'accident qui l'........................... (provoquer). [...] Trop de questions .... (affluer) à son esprit pour qu'il .... (songer) à mettre de l'ordre dans ses pensées. Une infirmière, un médecin, quelqu'un .... (aller) sans doute apparaître d'un instant à l'autre et apaiser ses craintes, expliquer sa présence ici. On lui .... (trouver) meilleure mine, on le .... (rassurer). [...] Sûrement il .... (avoir) une syncope. Il ne .... (pouvoir) trouver une meilleure explication à sa présence ici et à sa perte de mémoire. Un accident ? Il .... (devoir) en ressentir les atteintes, et ce n'était pas le cas. Il ne .... (déceler) aucun signe de détérioration, ni dans ses membres ni dans une région quelconque de son corps [...]. De guerre lasse, il .... (s'allonger) et .... (attendre) patiemment que quelqu'un .... (se manifester). Puisque sa mémoire .... (refuser) toute confidence, il .... (être) obligé d'accepter cette censure, en espérant que n'importe qui le .... (renseigner) bientôt sur son compte. Frère Théosophe, peut-être ? [...] Le nom .... (venir) de mourir sur ses lèvres tandis qu'une image fuligineuse[1] .... (se former) devant ses yeux, trop vite effacée pour qu'il .... (pouvoir) la circonscrire. Frère Théosophe ! patronyme curieux [...] en tout cas, quelqu'un d'important dans sa vie pour que sa mémoire .... (parvenir enfin) à l'extraire du brouillard qui .... (noyer) le passé tout entier.

D'après Jean-Pierre Fontana, *Sheol*, coll. « Présence du futur », Denoël, 1976

1. Fuligineuse : embrumée

Style

La satire est un écrit ou un discours qui critique une personne, une situation ou une idée en s'en moquant. Elle peut avoir pour but de dénoncer de façon virulente les mœurs ou les travers d'une époque, d'une politique, d'une classe sociale.

De nombreux procédés stylistiques sont employés pour servir le registre satirique, tels que :
- l'ironie, qui consiste à faire entendre le contraire de ce que l'on dit. Exemple : Quel temps splendide ! (pour faire entendre qu'il fait très mauvais) ;
- l'exagération (hyperbole, cf. D7), le grossissement des traits (caricature) ;
- l'euphémisme (cf. D2) ;
- la description exacte des détails ;
- les procédés d'opposition pour souligner des contrastes.

13

Lisez le texte satirique suivant. Puis identifiez les différents procédés utilisés par l'auteur pour dénoncer les horreurs de la guerre.

1   Rien n'était si beau, si leste, si brillant, si bien ordonné que les deux armées. Les trompettes, les fifres, les hautbois, les tambours, les canons, formaient une harmonie telle qu'il n'y en eut jamais en enfer. Les canons renversèrent d'abord à peu près six mille hommes de chaque côté ; ensuite la mousqueterie ôta du meilleur des mondes environ neuf à dix mille coquins qui en infectaient la surface. La baïonnette fut aussi la raison suffisante
5   de la mort de quelques milliers d'hommes. Le tout pouvait bien se monter à une trentaine de mille âmes. Candide, qui tremblait comme un philosophe, se cacha du mieux qu'il put pendant cette boucherie héroïque.

Enfin, tandis que les deux rois faisaient chanter des *Te Deum* chacun dans son camp, il prit le parti d'aller raisonner ailleurs des effets et des causes. Il passa par-dessus des tas de morts et de mourants, et gagna d'abord un village voisin ; il était en cendres : c'était un village abare que les Bulgares avaient brûlé, selon les lois du droit
10   public. Ici des vieillards criblés de coups regardaient mourir leurs femmes égorgées, qui tenaient leurs enfants à leurs mamelles sanglantes ; là des filles éventrées [...] rendaient les derniers soupirs ; d'autres, à demi brûlées, criaient qu'on achevât de leur donner la mort. Des cervelles étaient répandues sur la terre à côté de bras et de jambes coupés.

Candide s'enfuit au plus vite dans un autre village : il appartenait à des Bulgares, et des héros abares l'avaient
15   traité de même.

Voltaire, *Candide*, chapitre troisième (extrait), 1759

Ironie : ....

....

....

....

Exagération : ....

....

....

Euphémisme : ....

....

....

Description exacte des détails : ....

....

....

Contraste : ....

....

....

14

À vous d'écrire quelques lignes sur le mode satirique pour dénoncer un des travers de notre société actuelle (les expérimentations scientifiques, les manipulations génétiques, la bioéthique, etc.).

....

....

....

....

....

....

QUIZ CULTUREL

1 Quel médecin a découvert le vaccin contre la rage ?

a Louis Pasteur **b** Albert Schweitzer **c** Claude Bernard

2 Quel grand neurologue français, connu pour son travail sur l'hystérie et l'hypnose, a inspiré Sigmund Freud ?

a Jean-Denis Cochin **b** Jean-Martin Charcot **c** Victor Segalen

3 Sur quoi portaient les travaux de Pierre et Marie Curie, qui leur valurent d'obtenir le prix Nobel de physique ?

a le cancer **b** la syphilis **c** les radiations

4 En quelle année le virus de l'immunodéficience humaine (VIH) a-t-il été découvert et isolé par l'équipe du professeur Montagnier ?

a 1975 **b** 1983 **c** 1996

5 Comment appelle-t-on la personne dont le métier est d'aider à l'accouchement ?

a un(e) accoucheur/accoucheuse **b** un(e) puériculteur/puéricultrice **c** un(e) sage-femme

6 Quel écrivain français, auteur du *Voyage au bout de la nuit*, était médecin de profession ?

a Louis-Ferdinand Céline **b** André Malraux **c** Antoine de Saint-Exupéry

7 Quelle association, créée par des médecins français, a reçu le prix Nobel de la paix en 1999 ?

a la Croix-Rouge internationale

b le HCR (Haut Commissariat des Nations unies pour les réfugiés)

c Médecins sans frontières

8 Parmi ces symboles, lequel n'est pas un symbole officiel des pharmacies françaises ?

a une croix rouge **b** une croix verte **c** un serpent autour d'une coupe

9 Qu'est-ce que la médecine légale ?

a la médecine pratiquée par un médecin diplômé

b une médecine qui étudie les causes du décès en cas de mort suspecte

c une branche de la médecine spécialisée dans la bioéthique

10 Comment s'appelle la carte d'assurance maladie en France ?

a la carte de santé **b** la carte verte **c** la carte Vitale

11 Quel dramaturge français a écrit *Le malade imaginaire* ?

a Racine **b** Molière **c** Beaumarchais

12 Quel mot familier désigne un médecin ?

a un toubib **b** un cuistot **c** un mécano

LEXIQUE

Bonheur(s)

1

Complétez la grille.

Horizontalement
1. État comparable à celui de la fleur à l'apogée de sa floraison
2. Certains mystiques l'ont atteinte.
3. Sensation de confort et de détente physique
4. On dit souvent que le bonheur est fait de ces petits-là.

Verticalement
a. Celle de vivre est cousine du bonheur
b. Encore plus fort que **a.**
c. Titre d'une célèbre chanson des Rolling Stones
d. État d'une âme tranquille, sans nuages
e. Bonheur extrême

Ne confondez pas

2

Entourez le mot qui convient.

1. Jean-Baptiste André Godin, fils d'un artisan serrurier, était d'origine **populiste / populaire**.

2. C'est en faisant son tour de France que Godin a vu pour la première fois à quel point la classe ouvrière était **oppressée / opprimée**.

3. Il a créé son familistère en 1859. Le projet, au départ utopique, s'est révélé **viable / vivable** : l'établissement a fonctionné jusqu'en 1968.

4. Il a pu financer cette entreprise grâce à ses activités industrielles qui étaient alors **fleurissantes / florissantes**.

5. Godin avait pour ami Victor Considerant, philosophe et économiste français, qui fut un auteur **prolifique / prolixe**, puisqu'on lui doit une vingtaine d'ouvrages.

6. Les familistériens ne sont pas **oisifs / oiseux** : au contraire, ils travaillent dur.

7. Les utopistes ont souvent beaucoup insisté sur l'hygiène : ils voulaient notamment faire diminuer la mortalité **enfantine / infantile**.

8. Une nouvelle forme d'"utopie" voit aujourd'hui le jour : la sécurité à tout prix, notamment grâce à la vidéosurveillance. Mais il n'est pas certain que cela rende les villes plus **sécuritaires / sûres**.

Sens propre et sens figuré

3

Complétez les phrases avec le mot approprié au sens propre puis au sens figuré. Conjuguez les verbes et faites les accords nécessaires.

anuel p. 162 Sens figuré → Le principal objectif consiste à **bâtir** un autre monde possible.

Sens propre → C'est le pharaon Menkaourê qui fit **bâtir** la pyramide de Mykérinos.

1. Sens propre → Pour construire un bâtiment, il faut tout d'abord creuser des .... suffisamment profondes.

   Sens figuré → De nombreuses légendes reprises et embellies par Tite-Live et Virgile racontent la .... de la ville de Rome.

2. Sens propre → Dans le grenier, on a laissé apparentes les poutres de la ....

   Sens figuré → Un cheminement argumentatif sans faille constitue la .... de son discours.

3. Sens propre → C'est le maire de la commune qui a posé la première .... de l'édifice.

   Sens figuré → Pour mener à bien la politique de la ville, chaque élu doit apporter sa .... à l'édifice.

4. Sens propre → Une fois les pierres de la margelle correctement disposées, il faut les ....

   Sens figuré → Cette mésaventure, au lieu de les séparer, ... leur amitié.

5. Sens propre → Si tu veux un escalier solide, fais-le en ....

   Sens figuré → La banque ne pourra plus refuser de me prêter de l'argent : j'ai monté un dossier en ....

6. Sens propre → Ils ont dressé un .... *(substantif)* pour rénover la façade du bâtiment.

   Sens figuré → Il .... *(verbe)* en permanence des plans d'évasion.

7. Sens propre → La voûte de cette église est soutenue par une vingtaine de ....

   Sens figuré → Tout repose sur ses épaules : c'est lui le véritable .... de cette association.

8. Sens propre → Le despote avait fait .... plusieurs statues à son effigie.

   Sens figuré → Après son exploit, la presse enthousiaste l'.. en héros.

9. Sens propre → Le viaduc de Millau, inauguré en 2004, est actuellement le .... le plus haut du monde.

   Sens figuré → Notre association s'efforce de jeter un .... entre les personnes aisées et les démunis.

10. Sens propre → Il a fallu .... très profond avant de trouver une nappe d'eau.

   Sens figuré → On pourrait réaménager la pièce pour gagner de la place : l'idée est à .... !

GRAMMAIRE

Les indéfinis

4

Complétez les phrases avec les adjectifs et pronoms indéfinis suivants.

tel - nul - nulle part - quelque part - autre part - n'importe qui - n'importe quoi - n'importe quel - n'importe laquelle - quiconque - quelconque - autrui - quoi que - qui que

1. Ne faites pas à .... ce que vous ne voudriez pas qu'on vous fasse. *(maxime)*

2. Cannes, Deauville ou La Baule, ... de ces destinations me convient.

3. Pas la peine de faire appel à un professionnel : un bricoleur .... pourrait réaliser sans difficulté ces travaux de plomberie.

4. Homme ou femme, jeune ou moins jeune, ... vous soyez, vous pouvez soutenir notre action caritative.

5. Il m'a été donné de vivre des moments de pur bonheur et je ferais .... pour en connaître d'autres.

6. Il paraît qu'il y a un hôtel très confortable là-bas, mais, s'il ne te convient pas, on pourra aller ....

7. Prévenez-moi avant d'entreprendre .... ce soit.

8. Il explique dans son livre que le bonheur est à la portée de ....

9. Je viens de voir un reportage sur une île paradisiaque perdue .... dans le Pacifique.

10. .... est pris qui croyait prendre. *(proverbe)*

11. .... enfreindra le règlement sera puni.

12. Vous ne rencontrerez .... le pays de l'utopie, puisque, par définition, celui-ci n'existe pas.

13. Vous pouvez pratiquer la méditation à .... moment de la journée.

14. .... n'est prophète en son pays. *(proverbe)*

5

Transformez les phrases comme dans l'exemple.

Exemple : Je peindrai **tous les murs** moi-même.
→ *Je **les** peindrai **tous** moi-même.*

1. L'agent immobilier a encore **quelques maisons** à nous faire visiter.

....

2. Au rez-de-chaussée, nous allons faire refaire **toutes les pièces**.

....

3. Il faut que **toutes les consignes** de sécurité soient scrupuleusement respectées.

....

4. Nous avons consulté **quelques architectes** avant de nous décider.

....

5. Vous venez de repeindre **toutes les portes** en bleu.

....

6. Le syndic de l'immeuble se prononcera sur les travaux à effectuer après avoir consulté **tous les copropriétaires**.

....

Tout / tous / toute / toutes

6

Complétez les phrases avec *tout, tous, toute* ou *toutes*.

1. .... semblaient intéressés, mais bien peu ont cotisé.

2. L'échec de son projet humanitaire l'a marqué. En quelques mois, ses cheveux sont devenus .... blancs.

3. Compte tenu de la situation précaire dans laquelle nous nous trouvons, ... autre initiative serait superflue.

4. .... les membres devront travailler au moins deux demi-journées par semaine.

5. Mes filles étaient .... petites quand nous avons emménagé dans ce kibboutz.

6. Beaucoup croient que ce projet a échoué pour des raisons économiques ; or les raisons en sont .... autres.

7. Elles ont .... les deux tenu à devenir bénévoles pour soutenir cette association.

Les relations logiques

7

Formez neuf phrases en associant les éléments des trois colonnes. Puis écrivez-les.

1. Je ne consentirai pas à vivre en communauté	à mesure que	elle est aujourd'hui inhabitable.
2. Je ne comprends pas pourquoi vous déménagez,	à moins que	ça ne plaise pas à ma femme.
3. Notre maison a été très endommagée lors de la tempête,	au point que	je vous préviendrai.
4. Je réalisais l'inconfort des lieux	auquel cas	il soit bien rangé.
5. Ce salon est très agréable à vivre	comme quoi	l'hiver avançait.
6. Il a trouvé son appartement après un an de recherches,	d'autant que	on m'y contraigne.
7. Nous acceptons de lui louer ce studio	encore que	elle trouve un garant.
8. Je me réjouis de m'installer à la campagne,	pour peu que	vous venez de faire des travaux.
9. Il se pourrait que l'appartement se libère,	sous réserve que	il ne faut jamais perdre espoir.

1. ....

2. ....

3. ....

4. ....

5. ....

6. ....

7. ....

8. ....

9. ....

Ne confondez pas

8

Complétez les phrases avec la préposition qui convient. Faites les modifications nécessaires.

à côté de – du côté de

1. La vie ne m'a pas particulièrement gâté mais ce n'est rien .... mon ami Philippe, qui a accumulé les pépins et les malheurs.

2. Il est difficile de classer une personnalité telle que Proudhon. Moi, je le rangerais plutôt .... anarchistes.

auprès de – près de

3. Le phalanstère se trouvait .... la rivière. Celle-ci permettait de refroidir les machines de l'usine.

4. Il a puisé son inspiration .... les représentants de l'utopie sociale.

en face de – face à

5. Il a déménagé : il habite maintenant .... la gare.

6. .... les attaques de l'opposition, la majorité fait bloc autour du président.

au regard de – en regard de

7. Le président a déclaré qu'il s'agissait de réalisations modestes .... tout ce qu'il restait à faire.

8. Cet employé de la coopérative a peut-être bien agi, mais, ... la loi, il a commis une infraction.

Polysémie

9

Les phrases suivantes peuvent être interprétées de deux façons. Reformulez-les pour éclairer l'un puis l'autre sens.

Exemple : Internet nous fait gagner du temps, et on en a bien besoin.
→ *Internet nous fait gagner du temps, **ce dont** nous avons bien besoin.* (**en** = gagner du temps)
→ *Internet nous fait gagner du temps, **c'est pourquoi** nous en avons bien besoin.* (**en** = Internet)

1. Ce vigile a un gros chien. Il n'est pas très sympathique.

→ ....

→ ....

2. Je pense que les personnes âgées ne devraient pas conduire sur les routes de campagne, elles sont bien trop dangereuses.

→ ....

→ ....

3. Un mari quitte sa femme le jour de son anniversaire.

→ ....

→ ....

4. Je ne comprends pas la peur des chiens.

→ ....

→ ....

5. La commission a jugé les adultes responsables.

→ ....

→ ....

Procédés de substitution

10

Réécrivez les phrases en supprimant les répétitions.

Exemple : Pierre et Jeanne ont souvent été arrêtés par la police. La police reproche à Pierre et Jeanne leur activisme politique.
→ *Pierre et Jeanne ont souvent été arrêtés par la police, qui leur reproche leur activisme politique.*

1. Le préfet est très souvent intervenu en faveur de Pierre et Jeanne, si bien que Pierre et Jeanne n'osent plus solliciter l'aide du préfet. L'aide du préfet pourrait pourtant être précieuse à Pierre et Jeanne.

....

....

....

2. Dans le but de protester contre la construction de nouvelles voies, Pierre et Jeanne ont bloqué l'autoroute Paris-Bordeaux. Pour cela, Pierre et Jeanne avaient loué un planeur et c'est avec le planeur que Pierre et Jeanne ont atterri sur l'autoroute. Comme l'autoroute était devenue impraticable, les services de police ont dû fermer l'autoroute.

....

....

....

....

3. Pour haranguer les automobilistes, Pierre et Jeanne n'avaient pas de micro. C'est un ami de Pierre et Jeanne qui avait prêté à Pierre et Jeanne le micro.

....

....

4. Pierre a deux frères : Rémi (né un an avant Pierre) et Martin (né dix ans après Pierre). Rémi est en prison depuis deux ans pour escroquerie et Martin travaille pour les renseignements généraux.

....

....

....

Style

Les principaux types de discours

• **Le discours narratif** raconte une histoire, c'est-à-dire une série d'événements (réels ou imaginaires) qui s'enchaînent dans le temps.

• **Le discours descriptif** présente les principales caractéristiques d'un personnage, d'un lieu, d'un objet, etc.

• **Le discours informatif** a pour but de donner des renseignements, mais il ne les explique pas.

• **Le discours explicatif** donne des renseignements pour faire comprendre quelque chose.

• **Le discours argumentatif** soutient une thèse, afin de convaincre un destinataire à l'aide d'arguments (parfois illustrés d'exemples).

11

Lisez les textes, puis identifiez les types de discours. Justifiez vos réponses.

❶

Vautrin, l'homme de quarante ans, à favoris peints, servait de transition. [...] Il avait les épaules larges, le buste bien développé, les muscles apparents, des mains épaisses, carrées et fortement marquées aux phalanges par des bouquets de poils touffus et d'un roux ardent.

Honoré de Balzac, *Le Père Goriot*, 1835

❷

Ceux qui jugent et qui condamnent disent la peine de mort nécessaire. D'abord, – parce qu'il importe de retrancher de la communauté sociale un membre qui lui a déjà nui et qui pourrait lui nuire encore. – S'il ne s'agissait que de cela, la prison perpétuelle suffirait. À quoi bon la mort ? Vous objectez qu'on peut s'échapper d'une prison ? faites mieux votre ronde. Si vous ne croyez pas à la solidité des barreaux de fer, comment osez-vous avoir des ménageries ?

Pas de bourreau où le geôlier suffit.

Mais, reprend-on, – il faut que la société se venge, que la société punisse. – Ni l'un, ni l'autre. Se venger est de l'individu, punir est de Dieu.

La société est entre deux. Le châtiment est au-dessus d'elle, la vengeance au-dessous. Rien de si grand et de si petit ne lui sied. Elle ne doit pas « punir pour se venger » ; elle doit corriger pour améliorer. Transformez de cette façon la formule des criminalistes, nous la comprenons et nous y adhérons.

Reste la troisième et dernière raison, la théorie de l'exemple. – Il faut faire des exemples ! il faut épouvanter par le spectacle du sort réservé aux criminels ceux qui seraient tentés de les imiter ! – Voilà bien à peu près textuellement la phrase éternelle dont tous les réquisitoires des cinq cents parquets de France ne sont que des variations plus ou moins sonores. Eh bien ! nous nions d'abord qu'il y ait exemple. Nous nions que le spectacle des supplices produise l'effet qu'on en attend. Loin d'édifier le peuple, il le démoralise et ruine en lui toute sensibilité, partant toute vertu.

Victor Hugo, Préface du *Dernier jour d'un condamné*, 1832

❸

Ce fut un chagrin désordonné. Elle se jeta par terre, poussa des cris, appela le bon Dieu et gémit toute seule dans la campagne jusqu'au soleil levant. Puis, elle revint à la ferme, déclara son intention d'en partir ; et, au bout du mois, ayant reçu ses comptes, elle enferma tout son petit bagage dans un mouchoir, et se rendit à Pont-l'Evêque.

Gustave Flaubert, *Un cœur simple*, 1877

❹

Le 4 septembre 1870, deux jours après Sedan, la France devenait une république. Elle fut organisée comme telle par les lois constitutionnelles de 1875, à peine révisées depuis en 1879 et en 1884. Ce gouvernement, qui n'est pas nouveau en France, est appelé communément la Troisième République. […]

Cette république est démocratique, c'est-à-dire qu'elle repose sur le principe du suffrage universel direct. Elle est parlementaire, puisque l'autorité souveraine appartient à la nation qui délègue ses pouvoirs à des représentants élus, et puisque ces représentants peuvent par un simple vote de défiance retirer l'autorité du Gouvernement.

Géographie universelle Quillet, Tome 2, 1923

Texte 1 : ....
....
....

Texte 2 : ....
....
....

Texte 3 : ....
....
....

Texte 4 : ....
....
....

QUIZ CULTUREL

1 Que signifie étymologiquement le mot *utopie* ?

  a le lieu du bien   **b** le lieu qui ne se trouve nulle part   **c** le lieu des Dieux

2 Quel révolutionnaire, à l'origine du culte de l'Être suprême pendant la Révolution, est l'un des instigateurs de la Terreur ?

  a Marat   **b** La Fayette   **c** Robespierre

3 Dans lequel de ses contes philosophiques Voltaire fait-il la description d'une région merveilleuse, l'Eldorado ?

  a *Candide*   **b** *Zadig*   **c** *L'Ingénu*

4 Dans un roman de Bernard Werber, des révolutionnaires veulent faire évoluer l'espèce humaine en s'inspirant du comportement d'un animal. De quel animal s'agit-il ?

  a des dauphins   **b** des abeilles   **c** des fourmis

5 Quel préfet a entrepris d'assainir la ville de Paris au XXᵉ siècle ?

  a le préfet Poubelle   **b** le préfet Haussmann   **c** le préfet Rambuteau

6 Quel indicateur a été développé par le Programme des Nations unies pour le développement, pour mesurer le bien-être individuel ou collectif ?

  a le produit intérieur brut (PIB)

  b le bonheur national brut (BNB)

  c l'indicateur de développement humain (IDH)

7 Quelle personnalité a beaucoup lutté pour les pauvres et les mal-logés ?

  a l'abbé Pierre   **b** le général de Gaulle   **c** Brigitte Bardot

8 Qui a fondé « les Restos du cœur » ?

  a Guy Bedos   **b** Coluche   **c** Monseigneur Gaillot

9 Qu'est-ce que la « trêve hivernale » ?

  a la période durant laquelle les expulsions locatives sont interdites

  b les vacances scolaires de février

  c le nom d'une allocation sociale

10 Quels mots se cachent derrière l'acronyme de l'association DAL ?

....

11 Dans quel album d'Hergé la route de Tintin croise-t-elle celle d'une météorite ?

  a *Objectif Lune*   **b** *L'Étoile mystérieuse*   **c** *Vol 714 pour Sydney*

12 Qu'est-ce qu'un ovni ?

....

CORRIGÉS

DOSSIER 1
Lexique   p. 4-8

1

1. réseau - 2. messagerie instantanée - 3. courrier électronique - 4. fournisseur d'accès à Internet - 5. filaire - 6. internaute - 7. connecter - 8. haut débit - 9. sans fil - 10. en ligne - 11. réseaux sociaux - 12. téléchargement

2

1 e - 2 g - 3 a - 4 f - 5 c - 6 d - 7 b

3

1. branché / branchés (*familier*) - 2. a ramé / rame (*familier*) - 3. toile / toiles / toile - 4. ai planté / a planté(e) (*familier*) / a planté (*familier*) - 5. pirates / pirate - 6. surfer / ai surfé - 7. allumé / allumé (*familier*) ; éteint / éteint - 8. pilote / pilote

4

1re mesure : Équipement et formation des foyers...

2e mesure : Garantie de l'accès Internet haut débit à tous les Français

3e mesure : Formation et accompagnement des senior..., déploiement à grande échelle...

4e mesure : Plus grande intégration de la formation des NTIC dans l'enseignement scolaire

5e mesure : Communication aux TPE-PME

6e mesure : Soutien de la mise à niveau...

7e mesure : Plus grande accessibilité / facilitation de l'accès

5

1. Sa maladresse lui pose toujours des problèmes quand il bricole. / Il a toujours des problèmes quand il bricole à cause de sa maladresse.

2. Il a échoué dans cette affaire à cause de son aveuglement. / La raison de son échec dans cette affaire, c'est son aveuglement.

3. C'est grâce à son entêtement qu'il a fini par réussir. / Son entêtement lui a finalement permis de réussir. / Il a fini par réussir grâce à son entêtement.

4. Elle risque d'avoir un accident à cause de/en raison de sa témérité. / Sa témérité risque de lui valoir un accident.

5. L'impétuosité de ce cheval fait fuir tous les cavaliers. / Personne ne veut monter ce cheval en raison de son impétuosité.

6. Christophe a beaucoup de problèmes au boulot. On lui reproche sa désinvolture. / À cause de sa désinvolture, Christophe a beaucoup de problèmes au boulot. / La désinvolture de Christophe lui vaut/cause beaucoup de problèmes au boulot.

7. L'irrespect de cet élève vis-à-vis des professeurs lui a valu une semaine d'exclusion du collège. / Cet élève a été exclu du collège en raison de son irrespect vis-à-vis des professeurs.

8. On reproche à Laurent sa négligence dans son travail, d'ailleurs il a reçu une lettre d'avertissement. / Laurent va recevoir une lettre d'avertissement en raison de sa négligence.

9. Elle n'a pas pu faire son exposé à cause de sa grande émotivité. / Sa grande émotivité l'a empêchée de faire son exposé devant la classe.

10. Ma collègue m'a beaucoup aidé grâce à la clarté de ses explications. / La clarté des explications de ma collègue m'a beaucoup aidé.

6

Les TIC sont un acronyme pour Technologies de l'Information et de la Communication. Leur apparition massive dans le système éducatif va entraîner des changements dans la façon d'enseigner. Quels sont les changements à venir ? On peut les répartir en 3 catégories, à savoir :
- Le savoir change
- Le rôle de l'école change
- Le rôle du professeur change

Quels sont les moyens matériels ?
Ensuite, il faut fournir les moyens matériels aux enseignants.
Il faut donc qu'il y ait suffisamment d'ordinateurs à disposition. Il est en outre nécessaire qu'un accès aux logiciels de création pour le développement de contenus pédagogiques soit garanti pour les enseignants.

Quelles sont les résistances à surmonter ?
L'introduction de ces nouvelles technologies ne va pas sans rencontrer certaines résistances de la part du corps enseignant. Ceux-ci ne sont en effet pas d'accord sur l'impact de ces nouvelles technologies sur l'enseignement.
Pour certains, il s'agit d'une révolution, alors que d'autres objectent que ni la radio, ni le cinéma, ni la télévision n'ont radicalement changé la façon d'enseigner.

Grammaire   p. 8-10

7

pouvait - a attiré - n'ait encore été obtenu - s'agissait - disaient - ait rencontré - s'en sont occupé - refusait - ont désarçonné - serait

8

1. Paul Otlet est connu **auprès des** documentalistes pour avoir inventé la CDU.

2. **Si** nos méthodes et notre instrumentation se perfectionnent encore, cette utopie pourrait bien devenir réalité.

3. **Bien qu'**il soit reconnu dans le monde entier / internationalement, l'aspect utopique de ses projets l'isole de plus en plus.

4. Les policiers **ont beau** réclamer plus de pouvoirs, l'Italie a souligné son désaccord.

5. **Plus** nous nous servons des ordinateurs comme intermédiaires de compréhension, **plus** notre intelligence risque de devenir artificielle.

6. **En dépit de** la résistance opposée par le livre et les éditeurs / **En dépit du fait que** le livre et les éditeurs résistent, la littérature sans papier pourrait bien devenir le standard de demain.

9

Atlantika14 : J'**étais** en train de lire vos messages et j'ai **décidé** de m'inscrire pour vous demander si vous connaissez le danger, pour notre organisme, des ondes électromagnétiques **dues** à nos portables ?

Bioman : Il y a des ondes plus ou **moins supportables selon** la fréquence. Le pire c'est pour les personnes **sensibles aux** ondes (comme moi). Impossible de dormir avec un **radio-réveil** dans la pièce ou une télé, **pareil** pour le téléphone, sinon j'ai une migraine insupportable !!!

JeanCastor : Les ondes électromagnétiques, **aux hautes** doses **auxquelles** nous sommes soumis, ne sont pas **anodines**. Si toutes les études **sérieuses** (c'est-à-dire **effectuées** par des **organismes indépendants**) n'**étaient** pas pour la plupart **bloquées à** la source par les opérateurs téléphoniques, on en saurait peut-être un peu plus. **Quant aux normes** européennes, sais-tu sur **quelles** études elles se **basent** ?

Style   p. 10

10

1. Il est intelligent.
2. Il va falloir attendre longtemps.
3. Ça sent mauvais !
4. Je suis content / heureux de partir enfin !
5. Il / Elle est stupide / limité(e) intellectuellement.
6. Ta tarte est bonne !
7. J'adorerais faire le tour du monde !
8. Tu as raison.
9. Super, ta nouvelle voiture !
10. C'est affreux, ce que tu viens de faire.

QUIZ CULTUREL   p. 11

1 a Les nouvelles technologies de l'information et de la communication (NTIC) regroupent les techniques utilisées dans le traitement et la transmission des informations, principalement de l'informatique, d'Internet et des télécommunications.

2 c Le télégraphe est un système destiné à transmettre des messages d'un point à un autre sur de grandes distances, à l'aide de codes pour une transmission rapide et fiable. Après le développement de l'imprimerie, les premiers pas vers une société de l'information ont été marqués par le télégraphe électrique, puis le téléphone et la radiotéléphonie, suivis par la télévision et Internet.

3 a Hadopi est une loi française, également appelée « loi Création et Internet », qui sanctionne le partage de fichiers en pair à pair en tant qu'infraction au droit d'auteur. *(Voir Index culturel du manuel.)*

4 c Le Minitel est un terminal distribué par France Télécom dans les années 1980-1990, permettant de consulter des banques de données. Il est de moins en moins utilisé. *(Voir Index culturel du manuel.)*

5 b à analogique.

6 a Logiciels. Dérivé du mot *logique*, le mot *logiciel* a été créé en 1972 comme traduction du terme anglais *software*.

7 d Les Canadiens francophones. En France, l'appellation « courriel », d'origine québécoise, a été rendue obligatoire pour les textes officiels depuis le 20 juin 2003 par la Délégation générale à la langue française et aux langues de France pour toutes les administrations et services publics français qui ont désormais l'obligation d'utiliser ce terme de préférence à tout autre.

8 c Sophia Antipolis est une technopole située entre Nice et Cannes, dans le département des Alpes-Maritimes. Elle regroupe plus de 1 400 entreprises du monde entier et près de 30 000 emplois directs en recherche scientifique de pointe dans le domaine des NTIC, des multimédias, des sciences de la vie (médecine et biochimie), de l'énergie, de la gestion de l'eau et du développement durable. Elle est une réplique à l'échelle de la France de la Silicon Valley.

9 c une rumeur créée pour faire parler de soi, de quelque chose ou de quelqu'un

10 1 i - 2 f - 3 c - 4 e - 5 h - 6 b - 7 d - 8 g - 9 a - 10 j

DOSSIER 2

Lexique   p. 12-14

1

1. se consacrer - 2. domestique - 3. choisir - 4. matrimoniales - 5. entremetteurs - 6. dots - 7. union - 8. mésalliance - 9. devoir - 10. ménage - 11. statut - 12. exercer - 13. foyer - 14. épouse

2

Texte n°1 : 1. au beau fixe - 2. pressions - 3. orageuse - 4. pluies - 5. températures - 6. girouettes - 7. gèlera

Texte n°2 : 1. orageuse - 2. pression - 3. pluie - 4. girouette - 5. gelés - 6. température - 7. au beau fixe

3

1. évoque - 2. incident - 3. infraction - 4. attention - 5. importun - 6. a invoqué (*d'autres temps sont possibles*) - 7. irruption - 8. accident - 9. intention - 10. éruption - 11. effraction - 12. opportun

4

1. mépriser - 2. médire - 3. mécontent - 4. mésalliance - 5. méfait - 6. méjuger - 7. mésentente - 8. mécréant - 9. se méfier

5

1. Les époux ont échangé leurs consentements dans **une** petite église de Bretagne, **un** matin de juillet.
2. Après **la** cérémonie à l'église, **la** séance photos a été interminable : en plus **du** photographe attitré, tout le monde voulait prendre **des** photos **du** couple !
3. **Une** belle réception a ensuite eu lieu dans l'enceinte **d'un** château médiéval.
4. Au cours de **la** réception, **les** enfants **des** invités ont joué dans **le** parc, ravis qu'il n'y ait pas **d'**adultes pour les déranger !
5. Pendant le cocktail, les invités ont bu **du** champagne. Lors du déjeuner, ils n'ont pas bu **du*** champagne mais **du** vin de Bordeaux.
6. Les jeunes mariés se sont éclipsés discrètement à la fin de **la**

réception. Puis ils sont partis en voyage de noces en fin de journée.

7. C'est **un** notaire, Maître Leroy, qui a rédigé **le** contrat de mariage. Il connaît très bien **le** père de **la** mariée et gère **les** affaires de **la** famille depuis des années.

8. Voilà des mois que les deux oncles de la mariée ne s'adressent plus la parole à cause d'**une** sombre histoire de famille.

* Quand la négation porte sur toute la phrase, l'article devient *de*. Quand la négation ne porte pas sur toute la phrase, mais sur un élément de la phrase (ici, la boisson), on ne modifie pas l'article.

Grammaire   p. 14-17

6

Fabien : Moi, j'estime que j'hérite d'une situation **dont** nous ne sommes pas responsables ; simplement la génération **à laquelle** nous, les 15/24 ans, appartenons, est une génération sacrifiée ! Les années de croissance et d'expansion **que** nos parents ont connues ne sont plus à l'ordre du jour. À l'inverse, le monde **dans lequel** nous vivons à présent est fait d'incertitude et de peur, et c'est un monde **auquel** nous n'avons pas été préparés.

Virginie : Je supporte mal quant à moi ce terme de « génération sacrifiée » **par lequel** on a pris l'habitude de nous désigner ; c'est plutôt une génération de transition, **dont** je fais moi-même partie. Il nous reste à créer le monde **que** nous voulons : un monde **où** la tolérance, la solidarité, l'altruisme règneront. Voilà **ce qui** nous attend.

7

1. qui - 2. qui - 3. auquel - 4. selon laquelle - 5. auquel - 6. qui - 7. dont - 8. grâce auquel - 9. que - 10. ce dont

8

1. qu'il - 2. qui le - 3. qui il - qui le - 4. qui l' - 5. qui le - 6. qui il - 7. qu'il - 8. qui l' / qu'il *(les deux réponses sont possibles en fonction de l'antécédent, homme ou femme)*

9

1. quelque - 2. Quel que - 3. quelque - 4. quelques - 5. Quelles que - 6. quelque - 7. quelques - 8. Quel que - 9. quelle que - 10. Quelque

10

1. J'ai du mal à supporter les reproches incessants de mon père et, aujourd'hui, **j'ai failli** sortir en lui claquant la porte au nez.

2. **Le fait d'appartenir / que j'appartienne** à une autre génération que celle de mes parents ne facilite pas la communication entre nous.

3. Il était excédé par le comportement de son fils : **il n'a pas pu s'empêcher** de s'énerver.

4. **À supposer que** mon père ait eu de l'argent, je suis certain qu'il aurait refusé de m'aider financièrement

5. Elle **regrette** d'avoir élevé ses enfants de cette façon.

6. **Si l'on en croit** les résultats de l'enquête, toutes les valeurs associées à l'ouverture sont au beau fixe.

11

gâterai* (*au futur dans le texte d'origine*) / gâterais - écris* / écrivais - prenne - être dit - être lu - passait - s'exprimait - vint / est venue** - resta / est restée** - reparut / a reparu** - n'était plus - avait emprunté - eût prêté***/ aurait prêté - trouvait - avaient - auraient eu - accompagnait - ne m'aurait pas applaudie - était venue - aurais perdu

* On trouve le futur suivi du présent dans le texte d'origine, mais on emploierait plus facilement le conditionnel suivi de l'imparfait.

** Le texte de Marivaux est au passé simple, mais le passé composé est correct grammaticalement.

*** Conditionnel passé 2e forme dans le texte, mais on peut employer le conditionnel passé 1re forme.

Style   p. 18

12

1. des victimes involontaires = des dommages collatéraux
2. les obèses = les personnes souffrant de surcharge pondérale
3. les aveugles = les non-voyants
4. les sourds = les malentendants
5. les handicapés moteurs = les personnes à mobilité réduite
6. les handicapés divers = les « victimes de la vie »
7. des bombardements = des frappes ciblées
8. de nombreux morts = de lourdes pertes
9. a été tué = a trouvé la mort
10. les opérations militaires = les opérations de pacification

13

1. **La mort / Le décès** d'un parent est toujours un événement traumatisant.
2. Le nombre de **chômeurs** ne cesse d'augmenter.
3. Au japon, allumer son PC en même temps que la cafetière est un geste banal pour **les vieux internautes / les internautes âgés**.
4. L'abbé Pierre a beaucoup œuvré en faveur **des plus pauvres**.
5. Pauline est bouleversée ; hier, elle a été **licenciée / renvoyée**.

QUIZ CULTUREL   p. 19

1 b deux personnes

2 b Le concubinage : un homme et une femme qui vivent ensemble sans être mariés.

3 c Le PACS est défini comme étant « un contrat conclu par deux personnes physiques majeures de sexe différent ou de même sexe, pour organiser leur vie commune ». Le PACS est différent du concubinage : ce dernier n'a aucun statut.

4 a Martin

5 b les Dupont

6 c cousins au premier degré

7 a Le 20 septembre 1792, l'Assemblée législative vote le divorce. Auparavant, le mariage était un sacrement indissoluble qui relevait de l'église. Cette nouvelle loi sera abolie en 1816 sous Louis XVIII, puis rétablie en 1884.

8 b 1967. Après plusieurs années d'expérimentation, la pilule contraceptive est inventée en 1956 par le médecin Gregory Pincus et l'obstétricien John Rock. Aux États-Unis, elle est approuvée comme moyen contraceptif en 1960. La France ne l'autorise qu'à la fin de l'année 1967, avec la Loi Neuwirth.

9 a le taux de fécondité

10 b *Les Rougon-Macquart* représente une série de 20 romans, dans lesquels Émile Zola fait « l'histoire naturelle et sociale d'une famille sous le Second Empire ».

11 a La phrase complète d'André Gide extraite des *Nourritures Terrestres* est « Familles, je vous hais ! Foyers clos ; portes refermées ; possessions jalouses du bonheur. »

12 c des parents indignes et cupides

13 a Claude Lévi-Strauss entreprend, en 1943, la rédaction d'une vaste étude, *Les Structures élémentaires de la parenté*, qui, présentée comme thèse d'État à la Sorbonne en 1948, sera publiée à Paris dès l'année suivante.

DOSSIER 3
Lexique   p. 20-22

1

1. emploi (Cette agence d'intérim aide les personnes sans **emploi** à revenir sur le marché du travail.)

2. cette besogne (Avec tout ce bois à couper, j'ai abattu une lourde **besogne**.)

3. corvée (Travailler pour lui, c'est devenu une vraie **corvée**...)

4. labeur : langage soutenu (Ce journaliste a dénoncé le dur **labeur** des porteurs du Mont Kilimandjaro.)

5. gagne-pain (Écrire est ma vraie vocation et mon vrai plaisir. L'emploi que j'occupe à ce jour n'est que mon **gagne-pain**.)

6. une mission (Le ministre a confié à un de ses conseillers une **mission** d'analyse et de concertation sur la mise en œuvre du droit à l'hébergement.)

7. se mettre à l'œuvre (Le boulanger est à l'**œuvre** avant le lever du soleil.)

8. de l'activité (Pour cause de départ à la retraite, ce commerçant doit procéder à une cessation d'**activité** et fermer sa boutique.)

9. turbin : langage familier (Ils vont au **turbin** tous les jours.)

10. taf : langage familier (Pour nous, question **taf** en ce moment c'est plutôt galère.)

2

1. chômeur - 2. usine - 3. exploiteur - 4. oisiveté - 5. patron - 6. cadences - 7. paresse - 8. servitude - 9. pointeuse - 10. patronal

3

1 f - 2 d - 3 g - 4 b - 5 a - 6 c - 7 e

4

assemblée - mouvement - brassard - débrayage - syndicats - négociations - reconduit - mobilisation - durcir - délégué - tracts - pétition - revendications - signataires - partenaires - conflit

5

1. as - 2. joker - 3. dés - 4. quitte ou double - 5. atout - 6. bluffe - 7. poids lourds / k.-o. - 8. misé - 9. hors-jeu

Grammaire   p. 23-25

6

1. **Avant de** postuler à ce poste... - 2. ... **dès qu'/ aussitôt qu'**il a lu l'annonce. - 3. **Dès que / Après que / Depuis que** j'ai changé de bureau... - 4. **Après que** le directeur est venu le voir... - 5. **Tandis que / Alors que** Carole travaillait... - 6. ... **avant que / jusqu'à ce que** le directeur fasse cette confidence. - 7. ... **jusqu'à ce que** leurs revendications aient été acceptées. - 8. ... **dès qu'/ aussitôt qu'**il a appris que son entreprise allait le licencier. - 9. **Aussitôt** votée la fin de la grève...

7

Après avoir agressé verbalement une de ses collègues, Mlle Pomeau a été convoquée **par** le directeur qui lui a ordonné **de** présenter ses excuses **à** l'intéressée. Nous apprenons que Mlle Pomeau vient de démissionner **de** son poste. Cette décision suscite bien évidemment une vive émotion **auprès du / parmi** le personnel dans son ensemble. Ceci nous amène **à** nous inquiéter **de** l'atmosphère générale dans notre société. On ne peut pas se contenter **d'**oublier l'affaire. C'est pourquoi la direction préconise la mise en place d'une enquête interne. Cette dernière reposera bien évidemment **sur** la libre volonté de chacun de répondre **aux** questions. Cette enquête s'efforcera **d'**analyser les problèmes humains qui peuvent apparaître dans notre société et qui vont à l'encontre **de** notre philosophie. Merci **d'**œuvrer **au / pour le** succès de cette entreprise !

8

1. Le voyage en train a pris 20 heures. / On a mis 20 heures en train. / Il nous a fallu 20 heures de train. / Le voyage en train a duré 20 heures.

2. Il y avait tant de monde qu'il était impossible de trouver des places assises. / Il était impossible de trouver des places assises en raison du grand nombre de passagers.

3. Nous faisons non seulement de l'administratif mais aussi du privé. / Nous faisons aussi bien de l'administratif que du privé. / Nous faisons, et de l'administratif, et du privé.

9

1. À la fin des négociations, le représentant syndical, **s'étant rendu compte** de ses erreurs, a décidé de démissionner.

2. **Sachant** pertinemment comment les élections syndicales finiraient, il a préféré s'abstenir de voter.

3. Nous recherchons pour ce poste au Brésil une personne **ayant** l'esprit d'initiative.

4. Le directeur **n'ayant pas** pu se libérer en temps voulu pour la réunion du 15 mars, c'est son assistant qui l'a remplacé.

5. **S'étant fait** voler son portefeuille, il a dû abréger son voyage d'affaires.

6. La tradition l'**exigeant**, je suis devenu pharmacien tout comme mon père et mon grand-père.

7. Les personnes **n'ayant pas encore arrêté** la date de leurs congés annuels doivent le faire dans les meilleurs délais.

8. Bien que **n'ayant pas compris** un mot du discours de notre partenaire finlandais, il s'est montré très enthousiaste.

10

1. **Ce à quoi** je tiens, **c'est que** personne ne soit victime de discrimination raciale dans notre République.

2. **Que** l'école forme le socle culturel commun des élèves du primaire et du secondaire, **c'est ce qui** est nécessaire. / **Ce qui** est nécessaire, **c'est que** l'école forme le socle culturel commun des élèves du primaire et du secondaire.

3. **Ce dont** nous avons besoin, **c'est** d'un grand élan national pour surmonter nos divisions.

4. **Ce en quoi** j'ai toujours cru, **c'est que** « Liberté, Égalité, Fraternité » sont des valeurs à portée universelle.

5. **Ce contre quoi** nous nous battons, **ce sont** toutes les formes de corruption.

6. **Ce dont** nous disposons avec la laïcité, **c'est** d'une tradition séculaire de séparation de l'Église et de l'État qui peut nous aider à résoudre les problèmes actuels.

11

1. tant - 2. d'autant - 3. tant - 4. autant - 5. tant - 6. Tant - 7. autant - 8. autant - 9. tant - 10. autant

Style   p. 26

12

1. le dollar - 2. le pape - 3. l'hirondelle - 4. l'Europe - 5. la coccinelle - 6. le Japon - 7. le cinéma - 8. le français - 9. Paris - 10. Margaret Thatcher / la tour Eiffel - 11. Toulouse - 12. le pétrole - 13. Hong Kong - 14. Flaubert - 15. le général de Gaulle - 16. l'airbus A 380 - 17. Saint-Pétersbourg - 18. mon père - 19. Marseille - 20. la Corse

13

1. le toit de l'Europe - 2. la langue de Shakespeare - 3. le petit écran - 4. le roi des animaux - 5. la plus belle avenue du monde - 6. le Nouveau Monde - 7. la cité au sept collines - 8. la ville des mille et une nuits - 9. le roi Soleil

QUIZ CULTUREL   p. 27

1 b Le 27 avril 1848, le gouvernement de la République française publie les décrets d'abolition de l'esclavage dans les colonies françaises.

2 a Dans la nuit du 7 au 8 juin 1936 sont signés les accords entre le nouveau président du Conseil, Léon Blum, la Confédération générale du patronat français (CGPF) et la Confédération générale du travail (CGT). Sont instaurés la semaine de 40 heures et l'octroi de 15 jours de congés payés.

3 c Le 13 janvier 1982, le gouvernement de Pierre Mauroy instaure la semaine des 39 heures pour les salariés et généralise la cinquième semaine de congés payés.

4 b Depuis 1982, la durée légale des congés payés est de cinq semaines.

5 c En 1884, les députés votent une loi qui prend en compte les intérêts ouvriers. Ainsi, une certaine liberté syndicale est instaurée.

6 a 8 % de personnes syndiquées en France, 27 % au Royaume-Uni et 71 % en Suède.

7 c Les Trente Glorieuses : période de prospérité sans précédent qui dura de 1946 à 1975.

8 c En 1958, la Vᵉ République remplace la IVᵉ République en proie à de grandes difficultés. Une nouvelle constitution est mise en place à l'initiative du général de Gaulle.

9 b Apparu au début de la Révolution française, le drapeau français réunit le blanc, couleur du roi, avec le bleu et le rouge, couleurs de la ville de Paris.

10 b Une jeune entreprise innovante et dynamique

11 c la flexibilité pour les employeurs et la sécurité pour les employés

12 a Simone Veil (née le 13 juillet 1927 à Nice) est une femme politique française. En 1975, elle fit voter, comme ministre de la Santé, la loi qui dépénalisa l'avortement en France. Elle fut aussi la première femme à présider le Parlement européen de 1979 à 1982.

DOSSIER 4

Lexique   p. 28-30

1

1. se marie - 2. combiner - 3. touiller - 4. mixer - 5. mélanger - 6. brassage - 7. amalgame - 8. emmêlés - 9. incorporer - 10. de croisements - 11. un alliage

2

1. pratiques - 2. produits - 3. sensorielles - 4. goût - 5. texture - 6. saveurs - 7. malbouffe - 8. terroir - 9. ingrédients

3

a. commodités - b. duvet - c. agencement - d. sommaire - e. d'appoint - f. rétribution - g. hôte - h. héberger / accueillir

4

1. prétexte - 2. fondement - 3. raison - 4. origine - 5. motifs - 6. germes - 7. moteur - 8. facteurs

5

1. À quoi tient - 2. De quel droit - 3. À quel titre - 4. À quoi bon - 5. Comment se fait-il

Grammaire   p. 30-33

6

1. **Bien qu'**on nous promette de l'aide / **En dépit de** l'aide promise / On **a beau** nous promettre de l'aide, on ne voit rien arriver.

2. **Quoiqu'**on nous ait enseigné le français, notre niveau est insuffisant. / **Même si** on nous a enseigné le français, notre niveau est insuffisant.

3. **Quand bien même** je parlerais parfaitement cette langue, j'aurais toujours un accent. / **Même si** je parlais parfaitement cette langue, j'aurais toujours un accent.

4. Quand elle a annoncé vouloir faire le tour du monde, ses parents ne se sont pas fâchés, **(bien) au contraire** ils ont approuvé. / Quand elle a annoncé vouloir faire le tour du monde, **loin de** se fâcher ses parents ont approuvé.

5. **À moins qu'**il (ne) pleuve, on ira visiter le jardin botanique demain. / **Sauf s'**il pleut, on ira visiter le jardin botanique demain.

6. On ne connaît rien de la vie de ce couple mixte **si ce n'est qu'**ils ont eu deux enfants. / On ne connaît rien de la vie de ce couple mixte **sauf qu'**ils ont eu deux enfants.

7. **Quitte à** le regretter plus tard, Hugo ne va pas accepter ce travail à Madrid. / **Quand bien même** il risque de le regretter plus tard, Hugo ne va pas accepter ce travail à Madrid.

8. Cette ville est très agréable à vivre, **encore qu'**on puisse critiquer le manque de transports en commun. / Cette ville est très agréable à vivre, **cependant** on pourrait critiquer le manque de transports en commun.

7

La nuit **tombait** lorsque nous **entrâmes** dans le port de Saint-Jean-d'Acre. [...] Au-delà d'un horizon de quelques lieues **se découpent** les cimes de l'Anti-Liban qui s'**abaissent** à gauche, <u>tandis qu'</u>à droite s'**élève** et s'**étage** en croupes hardies la chaîne du Carmel qui s'**étend** vers la Galilée. [...]
Le pacha **demeurait** hors de la ville, dans un kiosque d'été situé près des jardins d'Abdallah [...].

Sous le péristyle, au bas de l'escalier, **était** un amas immense de babouches, laissées à mesure par les entrants. Le *serdarbachi* qui me **reçut voulait** me faire ôter mes bottes ; <u>mais</u> je m'y **refusai**, ce qui donna une haute opinion de mon importance. On avait, <u>du reste</u>, remis au pacha la lettre dont j'**étais chargé**, et il **donna** ordre de me faire entrer, <u>bien que</u> ce ne **fût** pas mon tour. Ici l'accueil **devint** plus cérémonieux. Je **m'attendais** déjà à une réception européenne <u>mais</u> le pacha **se borna** à me faire asseoir près de lui sur un divan qui **entourait** une partie de la salle. Il **affecta** de ne parler qu'italien, <u>bien que</u> je l'**eusse entendu** parler français à Paris [...]. La conversation **se prolongeait** <u>sans que</u> le pacha m'**offrît** autre chose que du café sans sucre et de la fumée de tabac. [...] Midi **sonna** à une pendule placée au-dessus de ma tête, elle **commença** un air ; une seconde **sonna** presque aussitôt et **commença** un air différent ; une troisième et une quatrième **débutèrent** à leur tour, et il en **résulta** le charivari que l'on **peut** penser. <u>Si</u> habitué <u>que</u> je **fusse** aux singularités des Turcs, je ne **pouvais** comprendre que l'on **réunît** tant de pendules dans la même salle. [...] On **apporta** des chaises et une table haute, <u>au lieu de</u> retourner un tabouret et de poser dessus un plateau de métal et des coussins autour, comme cela **se fait** d'ordinaire. Je **sentis** tout ce qu'il y **avait** d'obligeant dans le procédé du pacha, et <u>toutefois</u>, je l'**avouerai**, je **n'aime pas** ces coutumes de l'Europe envahissant peu à peu l'Orient ; je **me plaignis** au pacha d'être traité par lui en touriste vulgaire. « Vous **venez** bien me voir en habit noir !... » me **dit**-il.

La réplique **était** juste ; <u>pourtant</u> je **sentais** bien que j'**avais eu** raison. <u>Quoi que</u> l'on **fasse**, et si loin que l'on **puisse** aller dans la bienveillance d'un Turc, il **ne faut pas** croire qu'il **puisse** y avoir tout de suite fusion entre notre façon de vivre et la sienne.

8

Le texte est au passé simple mais le passé composé serait grammaticalement correct.

Le 29 octobre à neuf heures, nous n'**étions** plus qu'à cinquante lieues de New York. Les matelots **se mirent** à préparer les ancres, à les placer sur le rebord de la proue. À trois heures, nous **étions** à 72°21'. Long Island **était** à cinq lieues à notre droite. Les premiers messagers américains qui **vinrent** à bord **furent** trois papillons noirs qui **voltigèrent** dans nos manœuvres. Nous **découvrîmes** enfin, avant que le jour **fût tombé***, Long Island, comme un ruban nuageux à l'horizon. Ce petit nuage **était** suffisant pourtant pour faire une impression singulière sur les passagers qui n'**avaient vu** que ciel et eau pendant trente jours. [...] La lune, qui **se levait** brillante, **éclaira** une mer légèrement ridée par le vent où nous **comptâmes** dix-neuf voiles autour de nous. Nous **eûmes** avant** dans la nuit promenade*** générale sur le pont, bruyante de gaité.

* subjonctif plus-que-parfait, usage littéraire

** avant : tard

*** avoir promenade : licence poétique pour « faire une promenade »

9

1. **Étant donné que** chaque société structure différemment le cycle de vie... / **Vu que/Comme/Puisque** chaque société structure différemment le cycle de vie...

2. Le passage à l'âge adulte, pour un ou une Belge, se fait par l'entrée dans la vie active, **à la différence d'**un Zaïrois ou une Zaïroise, pour qui c'est la procréation qui le concrétise. / Le passage à l'âge adulte, pour un ou une Belge, se fait par l'entrée dans la vie active **tandis que** pour un Zaïrois ou une Zaïroise, c'est la procréation qui le concrétise.

3. Le rôle de l'homme et de la femme, **comme** celui de l'enfant, change d'une société à l'autre.
Le rôle de l'homme et de la femme, **de même que** celui de l'enfant, change d'une société à l'autre.

4. Le consommateur a refusé les plats standardisés et a **toujours** réclamé de la diversité. / Le consommateur a refusé les plats standardisés et **n'a eu de cesse de** réclamer de la diversité.

Style p. 33-34

10

1 c - 2 e - 3 a - 4 d - 5 b

11

- « L'océan de ta chevelure » : la chevelure est océan, ce qui suggère l'immensité et la profondeur.

- « L'ardent foyer de ta chevelure » : rapprochement entre les mèches de cheveux et les flammes.

- « La nuit de ta chevelure » : allusion à la couleur sombre des cheveux et à l'immensité mystérieuse qu'ils représentent.

- « Les rivages duvetés de ta chevelure » : la chevelure-mer + évocation d'un jeune oiseau.

12

Comparaisons : « des façades lointaines [...] étaient comme des voiles blanches » ; « un bois lointain [...] pareil à la tache perdue d'un continent »

Métaphores : « la mer de céréales » ; « une houle » ; « l'éternel flux » ; « plantaient des mâts ».

Métaphores et comparaisons s'associent dans une parfaite cohérence pour établir une analogie entre la plaine de Beauce et un paysage marin.

QUIZ CULTUREL   p. 35

1 b Né le 11 juin 1910 à Saint-André-de-Cubzac (en Gironde), décédé le 25 juin 1997, Jacques-Yves Cousteau a consacré sa vie au monde sous-marin.

2 b *Le Tour du monde en quatre-vingts jours* est un roman d'aventures, écrit en 1872 par Jules Verne et publié en 1873.

3 c Jacques Cartier (1491-1557) est le premier explorateur français à être venu sur les terres qui s'appelleront plus tard le Canada.

4 d Le couscous est un plat d'Afrique du Nord.

5 c Ustensile en terre cuite utilisé pour cuire les aliments très lentement.

6 a Brazzaville tient son nom de l'explorateur italo-français Pierre Savorgnan de Brazza.

Brazzaville est la capitale de la République du Congo, Dakar la capitale du Sénégal, Pretoria la capitale de l'Afrique du Sud.

7 a La France vient en premier, viennent ensuite l'Espagne puis les États-Unis.

8 c La tour Eiffel est le premier monument payant visité au monde.

9 a Un des opposants les plus marquants à la « malbouffe » est l'altermondialiste José Bové.

10 a Le *Guide Michelin* ou *Guide rouge* est un guide gastronomique qui répertorie les hôtels et les restaurants en les classant avec des étoiles.

11 c *Les Lettres persanes* : roman épistolaire de Montesquieu publié en 1721.

12 c Après avoir terminé *Une saison en enfer*, Rimbaud dit adieu à la poésie et va multiplier les voyages et les petits boulots à travers l'Europe et l'Afrique.

DOSSIER 5

Lexique   p. 36-38

1

1. cours préparatoire - 2. brevet de technicien supérieur - 3. école nationale d'administration - 4. zone d'éducation prioritaire - 5. Licence - Master - Doctorat - 6. certificat d'aptitude professionnelle - 7. institut universitaire de technologie - 8. institut d'études politiques

1 f - 2 d - 3 b - 4 h - 5 g - 6 e - 7 a - 8 c

2

Texte n° 1 : 1. réussite - 2. établissements - 3. options - 4. particuliers - 5. séjours - 6. l'instruction - 7. cursus - 8. filières - 9. débouchés - 10. préparatoire - 11. concours - 12. diplômés

Texte n° 2 : 1. scolaire - 2. lacunes - 3. l'illettrisme - 4. l'absentéisme - 5. enseignants - 6. redoubler - 7. d'échec - 8. capital - 9. orientation

3

1. Veuillez agréer / Je vous prie d'agréer, Monsieur (Madame), l'expression de mes salutations distinguées.

2. Veuillez croire / Je vous prie de croire, Monsieur (Madame), en l'assurance de ma respectueuse considération.

3. Veuillez recevoir / Je vous prie de recevoir, Monsieur (Madame), l'expression de mes sentiments les meilleurs.

4

Monsieur,

Suite à notre **entretien** téléphonique du 16 décembre, j'ai le plaisir de vous annoncer que votre **candidature** au poste de vacataire est retenue pour la période du 2 février 2011 au 31 janvier 2012.

Vous aurez en charge la **rédaction** d'articles pour notre **revue** « Le magazine de l'éducation ».

La rémunération pour chaque commande est fixée à 78 euros **bruts**. Cette somme sera versée **sous réserve d'**acceptation de vos travaux par le comité éditorial.

Si ces conditions vous conviennent, je vous saurais gré de faire parvenir à madame Lupin, par retour de **courrier**, le double de la **présente**, daté, signé et précédé de la mention « bon pour **accord** ».

Veuillez aussi trouver **ci-joint** le règlement intérieur de l'entreprise.

Dans l'attente de vous rencontrer, je vous prie d'agréer, Monsieur, l'**assurance** de mes sentiments distingués.

5

a) 1. aspire à - 2. m'emploie à - 3. s'évertuent à - 4. empêcher de

b) 1. rêve de - 2. m'efforce d' - 3. s'attachent à - 4. ferons / faisons l'impossible pour

Grammaire   p. 39-41

6

1. Je m'excuse de t'**avoir dérangé** en pleines révisions.

2. Pardonnez-moi de m'**être énervée** à l'annonce des résultats.

3. Le professeur est confus de ne pas vous **avoir reconnu**.

4. Nous sommes désolés de ne pas vous **avoir prévenus** assez tôt du report des examens.

5. Ils sont certains d'**avoir étudié** dans la même université.

6. Il doute de vous **avoir convaincu** lors de l'épreuve orale.

7. Je vous remercie d'**avoir été** là pour me soutenir.

7

1. Il **espère accéder** rapidement aux plus hautes fonctions au sein de l'entreprise.

2. **Cet élève sait pouvoir** réussir.

3. **Il dément avoir participé** à cette réunion.

4. Durant l'examen oral, **il sentait qu'il faiblissait / il se sentait faiblir.**

5. **On voyait bien que l'examinateur prenait** un malin plaisir à me contredire.

6. **Nous doutons qu'il soit** parmi les dix premiers à ce concours.

7. **Je regrette que vous ayez dû** quitter la conférence.

8. **Je suis sûre que j'ai renvoyé / d'avoir renvoyé** mon dossier dans les temps.

8

1. Les syndicats étudiants **ont demandé au recteur de les recevoir** au plus tôt. / Les syndicats étudiants **ont demandé à être reçus** au plus tôt par le recteur.

2. Cet enseignant est très autoritaire avec ses étudiants : **il ne leur permet pas de sortir** avant la fin du cours.

3. Je crains **d'être déçu(e)** par la réponse du professeur.

4. « Par retour de courrier » signifie qu'**il (te) faut répondre** le plus vite possible.

5. Il lui suffit **d'être là** pour que tous les élèves fassent silence.

6. Pour réussir ce concours, que **(me) faut-il faire** ?

9

Réponses possibles :

1. ... **afin de** rompre avec l'égalitarisme traditionnel du système éducatif français. / ... **pour que** des moyens supplémentaires et une plus grande autonomie soient alloués à ces établissements. / ... **dans le souci de** lutter contre l'échec scolaire

2. ... **de peur que** leurs enfants ne puissent être scolarisés dans un bon établissement. / ... **dans le seul but de** voir leurs enfants intégrer l'établissement souhaité.

3. ... **de sorte que** le recruteur ne puisse identifier l'origine ou le sexe du candidat. /... **de manière à ce que** le candidat soit convoqué pour un premier entretien sans subir une sélection discriminante.

10

1. En fait - 2. dans les faits - 3. En effet - 4. en fait de rémunération - 5. De ce fait

Style   p. 41-42

11

1. braille = alphabet pour les non-voyants / brailler (*fam.*) = pleurer très fort

4. mère veilleuse / merveilleuse

6. se mettre au ve**rt** (se retirer à la campagne) / se mettre au ve**rs** (de terre) par allusion à « être enterré »

7. pièce = partie d'un logement / pièce = spectacle de théâtre

10. « par mois » indique la fréquence / « par moi » indique l'auteur d'une action

12. panser une plaie / penser des idées

13. s'enlacer / se lasser de quelque chose

12

1. Sacha (→ ça chatouille) - 2. Paul (→ poltron) - 3. Harry (→ hari-cot) - 4. Nathan (→ n'attends rien de moi) - 5. Teddy (→ t'es diffi-cile) - 6. Ana (→ anaconda) - 7. Alain et Alex (→ à l'intérieur / à l'extérieur) - 8. Candy (→ qu'en dira-t-on)

QUIZ CULTUREL   p. 43

1 l'école maternelle - l'école primaire - le collège - le lycée

2 a Les quatre années de collège : la 6e, la 5e, la 4e, la 3e. Les trois années de lycée : la 2nde, la 1re, la Terminale.

3 b Le baccalauréat a été créé sous Napoléon Ier le 17 mars 1808.

4 b Le baccalauréat élémentaire n'existe pas.

5 Louis-le-Grand - Henri IV

6 b 1253 : création de la Sorbonne au sein de l'Université de Paris par Robert de Sorbon, chapelain et confesseur du roi saint Louis.

7 c Au XIIIe siècle, on enseignait principalement la théologie à la Sorbonne.

8 c Universités présentes dans le quartier latin : l'université de la Sorbonne, l'université Paris II Panthéon Assas, le campus de Jussieu (qui rassemble les universités Paris VI, Paris VII et l'institut de physique du globe de Paris), l'université Paris III Sorbonne Nouvelle. Les grandes écoles : l'École normale supérieure, l'École des chartes, les Beaux-Arts, l'ESPCI ParisTech, les Mines ParisTech, Chimie ParisTech, AgroParisTech et l'Institut supérieur d'électronique de Paris.

9 c Le Collège de France n'est ni une université, ni une grande école. Il ne transmet pas à des étudiants un savoir acquis à partir de programmes définis et ne prépare à aucun diplôme (*www.college-de-france.fr*)

10 a Les khâgneux sont des élèves de khâgne, classe préparatoire littéraire.

11 c La Faculté de médecine ou de droit

12 a Selon Pierre Bourdieu, le système d'enseignement joue un rôle important dans la reproduction sociale au sein des sociétés contemporaines.

13 b Édith Cresson est la seule femme à avoir accédé au poste de Premier ministre de la France (de mai 1991 à avril 1992).

DOSSIER 6
Lexique   p. 44-46

1

1 c - 2 f - 3 e - 4 b - 5 g - 6 a - 7 d

2

1. fondateurs - 2. membres - 3. attraction - 4. élargissement - 5. adhéré - 6. chute - 7. critères - 8. de l'homme - 9. acquis communautaire - 10. approfondissement - 11. unique - 12. espace - 13. circulation

3

1 a - 2 i - 3 c - 4 g - 5 j - 6 h - 7 d - 8 b - 9 f - 10 k - 11 e

4

1. barrières - 2. forteresse - 3. fossé - 4. le joug - 5. L'obstruction - 6. un frein - 7. obstacles - 8. entrave

CORRIGÉS

Grammaire p. 46-49

5

1. réellement - 2. confusément - 3. pertinemment - 4. élégamment - 5. graduellement - 6. irréversiblement - 7. admirativement - 8. magistralement - 9. instamment - 10. opportunément - 11. partiellement

6

un groupe de chercheurs **influents** - un procédé **convaincant** - un apprenant **excellant** - des informations **divergentes** - les autres langues **avoisinantes** - un processus laborieux, voire **fatigant** - les élèves jusque-là **hésitants** - **adhérant** ainsi résolument au contrat d'apprentissage - chacun **communiquant** dans la langue de l'autre - **provoquant** ainsi le développement de compétences - des langues **convergentes** - des langues **différant** peu de la sienne

7

a) 1. ... beaucoup de réticences des citoyens européens **s'évanouiraient** immédiatement. - 2. ... une dynamique positive **s'instaurera** entre les deux pays. - 3. ... les relations avec les Pays du Tiers Monde **deviendront** de plus en plus tendues. - 4. ... parler d'une Europe culturelle étudiante **serait** impossible aujourd'hui. - 5. Si l'UE n'avait **pas été créée**... - 6. Si d'aventure la construction européenne **vient** à être remise en cause en raison de la crise économique, cela s'avérera catastrophique. - 7. Si le rideau de fer **n'était pas tombé** en 1989...

b) 1. ... pourvu que les pays membres **soient** capables de faire taire leurs dissensions. - 2. En admettant que les nations les plus puissantes **veuillent** bien l'envisager... - 3. ... au cas où Madrid en **ferait** la demande. - 4. À condition qu'il **fasse** preuve de volonté, et si tant est qu'il en **ait** les moyens... - 5. ... pour peu que la baisse du prix des matières premières **se poursuive.** - 6. ... à moins que la Grande-Bretagne ne **revoie** ses ambitions à la baisse. - 7. ... sous réserve que le budget culturel le **permette**.

8

1. Si vous vous **absteniez** de voter aux élections européennes... - 2. Si je **me présente** aux européennes... - 3. ... si vous **n'organisez pas** de référendum. - 4. S'il **ne reçoit pas** un soutien important du Parlement et des chefs d'État... - 5. Si le traité **était rejeté** par les électeurs... - 6. Si l'UE **souhaite** réduire l'émission de ses gaz à effet de serre...

9

1. Si jamais - 2. Et si - 3. sinon - 4. Même si - 5. sauf si - 6. comme s'il

10

1. Les six pays ont commencé par la mise en commun de leurs ressources ; dans ce but/cet objectif, ils ont établi des règles qui sont les mêmes pour tous. / Les six pays ont commencé par la mise en commun de leurs ressources en établissant des règles qui sont les mêmes pour tous.

2. Les États pourront décider d'autoriser la vente des produits non conformes sous réserve qu'un étiquetage permette au consommateur de distinguer les catégories « extra », « I » et « II ». / Si on impose un étiquetage permettant au consommateur de distinguer les catégories « extra », « I » et « II », (alors) les états pourront décider d'autoriser la vente des produits non-conformes.

11

1. d'au moins - 2. du moins - 3. au.moins - 4. pour le moins - 5. du moins - 6. pour le moins

Style p. 50

12

a) 1. La Maison Blanche et le Congrès = le Président des États-Unis, qui représente le pouvoir exécutif, et les membres des deux chambres, qui représentent le pouvoir législatif - 2. le Pentagone = le ministère de la Défense américain (en raison de la forme de l'édifice qui abrite ses bureaux) - 3. le Kremlin = les autorités gouvernementales russes

b) 1 d - 2 e - 3 a - 4 b - 5 c

13

1. Ce jeune homme a peu de **cervelle**. (= peu d'intelligence)
2. Mon père est une **sacrée fourchette** ! (= un gros mangeur)
3. Au bout du compte, c'est lui qui a récolté **tous les lauriers**. (= toute la gloire)
4. Je n'ai pas le temps de te parler ; il faut que je finisse mon **papier**. (= mon article)
5. Par ce temps-là, mieux vaut mettre une **petite laine**. (= un pull)
6. Je cherche un **toit** pour la nuit. (= un abri)
7. Respectez **ses cheveux blancs**. (= son âge avancé - sa vieillesse)
8. Il a perdu **sa langue**. (= l'usage de la parole)

14

1. On manque de **bras** pour faire ce travail.
2. Il y a beaucoup de nouveaux **visages** / de nouvelles **têtes** ici.
3. **La salle** a applaudi.
4. Nous distinguions deux **voiles** au loin.

QUIZ CULTUREL p. 51

1 a L'Europe tient son nom d'Europa, la fille du Roi de Sidon, Agénor.

2 b Le concours Eurovision de la chanson est organisé chaque année par l'Union européenne de radio-télévision (UER).

3 a La devise de l'UE signifie que les Européens doivent unir leurs efforts en faveur de la paix et de la prospérité, et que les nombreuses cultures, traditions et langues différentes que compte l'Europe constituent un atout pour le continent.

4 b L'hymne a été adopté par le Conseil de l'Europe en 1972 et est utilisé par l'Union européenne depuis 1986.

5 c Le 9 mai 1950, Robert Schuman tenait un discours sur l'Europe. Sa déclaration, connue sous le nom de « déclaration Schuman », est considérée comme l'acte de naissance de l'Union européenne.

6 b Le 25 mars 1957, l'Allemagne, la Belgique, la France, l'Italie, le Luxembourg et les Pays-Bas signent à Rome un traité qui crée la Communauté économique européenne (CEE).

7 c L'UE compte 23 langues officielles et ce nombre continue à augmenter au fur et à mesure que l'UE s'élargit.

8 a. Bruxelles (Belgique) - **b.** Strasbourg (France) - **c.** Bruxelles (Belgique) - **d.** Luxembourg (Luxembourg) - **e.** Luxembourg (Luxembourg) - **f.** Francfort (Allemagne)

9 a Le traité de Versailles : traité de paix signé entre les Alliés et l'Allemagne après la Première Guerre mondiale.

10 b le programme Erasmus

11 a Le détroit du Bosphore sépare l'Europe de l'Asie. Le détroit de Gibraltar sépare le sud de l'Espagne du nord du Maroc. Le détroit de Béring sépare la Sibérie orientale de l'Alaska.

DOSSIER 7
Lexique   p. 52-54

1
1. intensification - 2. allégement - 3. augmentation - 4. fléchissement - 5. contraction - 6. allongement - 7. dégradation - 8. resserrement - 9. redressement - 10. résorption

2
développé - multipliées - progresser - accroissement

3
1. summum - 2. paroxysme - 3. apothéose - 4. au sommet - 5. comble - 6. zénith

4
1. crédit - 2. épargner - 3. monnaie - 4. spéculation financière - 5. titres - 6. bourse - 7. biens - 8. emprunter - 9. patrimoine - 10. émettre des actions

5
1. navetteur = personne faisant régulièrement la navette entre son domicile et son lieu de travail (= un pendulaire au Québec) - 2. piastre = dollar ; guichet automatique = distributeur ; le dépanneur = l'épicerie ; le NIP = acronyme de Numéro Identifiant Personnel, c'est-à-dire l'équivalent français du PIN - 3. char = voiture / essencerie = station essence - 4. motamoter = apprendre par cœur (mot à mot) - 5. j'ai les bleus (traduction littérale de l'expression anglaise « I've got the blues ») = avoir le cafard - 6. un académicien = une personne alphabétisée - 7. un sapeur = personne dépensant beaucoup d'argent pour se vêtir, un dandy (se saper, la sape)

6
1. les mieux placés pour - 2. à l'exemple des / à la manière des / comme de - 3. la direction / le contrôle / la tête - 4. en un clin d'œil / très rapidement - 5. Outre - 6. triste

Grammaire   p. 55-57

7
1. Tu dois **la lui** remettre sous forme de chèque. / Remets-**la-lui** sous forme de chèque.
2. Tu ne dois pas **nous les** apporter en retard. / Ne **nous les** apporte pas en retard !
3. Vous devez **lui en** expliquer le fonctionnement. / Expliquez-**lui-en** le fonctionnement.
4. Vous ne devez pas **le lui** donner, vous devez le lui prêter. / Ne **le lui** donnez pas, prêtez-**le-lui**.
5. Tu dois **t'en** débarrasser au plus vite. / Débarrasse-**t'en** au plus vite !

8
1. quand / lorsque - 2. Après - 3. La première fois - 4. L'année suivante - 5. Quand / Lorsque - 6. aussitôt - 7. pour la première fois - 8. avant que - 9. Quand / Lorsque - 10. quand / lorsque - 11. pour un moment - 12. à cette époque - 13. depuis

9
1. Grâce à - 2. En effet - 3. De plus / En outre / Par ailleurs - 4. C'est pourquoi / C'est la raison pour laquelle / Ainsi ; donc / par conséquent - 5. Cependant / Néanmoins / Toutefois - 6. notamment / par exemple - 7. Bref / En somme - 8. en dépit de / malgré

10
Sujet posé
En 1984, le Premier ministre crée une « commission de terminologie relative au vocabulaire concernant les activités des femmes ». Le décret indique **notamment** que « la féminisation des noms de professions et de titres vise à combler certaines lacunes de l'usage de la langue française dans ce domaine et à apporter une légitimation des fonctions sociales et des professions exercées par les femmes ».

Thèse ou prise de position
L'Académie française, qui n'avait pas été consultée, fait part de ses réserves dans une déclaration préparée par Georges Dumézil et Claude Lévi-Strauss. Elle dénonce **en particulier** le contresens linguistique sur lequel repose l'entreprise.

1ᵉʳ argument qui appuie la 1ʳᵉ thèse
En effet, il convient de rappeler que le masculin est en français le genre non marqué et peut de ce fait désigner indifféremment les hommes et les femmes.

2ᵉ argument qui appuie la 1ʳᵉ thèse
En revanche, le féminin est appelé plus pertinemment le genre marqué, et « la marque est privative. Elle affecte le terme marqué d'une limitation dont l'autre seul est exempt. À la différence du genre non marqué, le genre marqué, appliqué aux êtres animés, institue entre les deux sexes une ségrégation. »

Conclusion et reformulation de la 1ʳᵉ thèse
Aussi la féminisation risque-t-elle d'aboutir à un résultat inverse de celui qu'on escomptait, et d'établir, dans la langue elle-même, une discrimination entre les hommes et les femmes.

2ᵉ thèse

L'Académie conteste **enfin** le principe même d'une intervention gouvernementale sur l'usage, jugeant qu'une telle démarche risque « de mettre la confusion et le désordre dans un équilibre subtil né de l'usage, et qu'il paraîtrait mieux avisé de laisser à l'usage le soin de modifier ».

11

Réponses possibles :

1. Le progrès technique a permis l'allongement de l'espérance de vie. **Or** la durée de cotisation pour les retraites est restée la même. Il faudrait **donc** allonger la durée de cotisation et retarder l'âge de départ à la retraite, ou alors revoir les pensions de retraite à la baisse. **Mais** personne ne souhaite que les pensions de retraite soient diminuées, **par conséquent** la seule solution proposée à l'heure actuelle par les gouvernements est l'allongement de la durée de cotisation.

2. Il est évident que la langue anglaise devient de plus en plus hégémonique. **Or** il est important de défendre un certain multilinguisme. **Cependant**, toutes les langues ne peuvent prétendre avoir un rôle international. **C'est pourquoi** il est nécessaire d'encourager l'usage de toutes les langues.

3. L'avion est un moyen rapide d'aller à Londres. **Or** l'Eurostar connaît désormais un grand succès. **En effet**, l'Eurostar est non seulement rapide mais aussi pratique. **Aussi** grand nombre de personnes choisissent-elles l'Eurostar.

Style   p. 58

12

1. Il a fait de sa vie **un enfer**. (métaphore)

2. C'est un film **absolument génial, hyperréaliste et complètement délirant**. (mots excessifs, adverbes, préfixe -*hyper*)

3. Il est beau **comme** un dieu. (comparaison)

4. « Je m'en vais vous mander la chose **la plus** étonnante, **la plus** surprenante, **la plus** merveilleuse, **la plus** miraculeuse, **la plus** triomphante, **la plus** étourdissante. » (Mme de Sévigné) (emploi abusif de superlatifs)

13

monstre - pire qu'un chien - cette imbécillité infernale pouvait continuer indéfiniment - deux millions de fous héroïques et déchaînés et armés jusqu'aux cheveux - pour y tout détruire, Allemagne, France et Continents, tout ce qui respire - cent mille fois plus enragés que mille chiens et tellement plus vicieux - une croisade apocalyptique

Par l'hyperbole, le romancier essaie de nous faire comprendre la folie de la guerre.

QUIZ CULTUREL   p. 59

1 b 2002

2 a Le DAX ou *Deutscher Aktienindex* est le principal indice boursier allemand. Le CAC 40 est le principal indice boursier de la place de Paris. L'Eurostoxx 50 est un indice boursier au niveau européen.

3 a Créé en 1989, l'ISF succède à l' « impôt sur les grandes fortune » (IGF), supprimé en 1987 : c'est un impôt progressif sur le capital qui concerne le patrimoine des personnes physiques (à l'exclusion de celui des personnes morales).

4 c une monnaie sans réelle valeur

5 persil

6 Exemples de banques françaises : BNP Paribas, Crédit agricole, LCL (anciennement Crédit lyonnais), Société générale, Banque populaire (BP), Banque postale, Crédit mutuel, Crédit industriel et commercial (CIC), etc.

7 b Le français est la deuxième langue du monde sur le plan géopolitique avec 53 États dans 29 pays.

8 b La première conférence intergouvernementale se réunit au Niger en 1970 et donne le jour à l'Agence de coopération culturelle et technique, devenue en 1995 l'Agence intergouvernementale de la Francophonie (AIF). L'Organisation internationale de la Francophonie (OIF) rassemble les gouvernements des pays ayant le français en partage.

9 b *L'Encyclopédie ou Dictionnaire raisonné des sciences, des arts et des métiers* : première encyclopédie française

10 c L'Organisation de coopération et de développement économiques (OCDE) est une organisation internationale d'études économiques. Le Fonds monétaire international (FMI) est une institution internationale multilatérale. Le Groupe des 20 (ou G20) est un forum, créé en 1999, après la succession des crises financières dans les années 1990.

11 b Le Centre spatial guyanais (CSG), mis en service en 1973, est une base de lancement française et européenne, située près de Kourou en Guyane française. Les fusées européennes Ariane, utilisées principalement pour le lancement des satellites de télécommunications, sont tirées depuis cette base.
www.cnes-csg.fr

12 b Le Tunnel sous la Manche, appelé *The Channel Tunnel* ou *Chunnel* en anglais, est un tunnel ferroviaire long de 49,7 km qui relie le Royaume-Uni à la France. Sur 37 km, ce tunnel passe sous la Manche. Il a été inauguré le 6 mai 1994, huit ans après la décision de mettre en œuvre ce projet.

13 a l'Allemagne

14 b Le musée du quai Branly présente les arts et civilisations d'Afrique, d'Asie, d'Océanie et des Amériques (civilisations non occidentales).

DOSSIER 8

Lexique   p. 60-62

1

1. consommation - 2. cause - 3. conscience - 4. croissance - 5. survie - 6. anéantissement - 7. anthropocentrisme - 8. place - 9. importance - 10. peur - 11. incertitude

2

1. affligée - 2. survenue - 3. discerner - 4. élucidera - 5. éludera -

6. perpétré - 7. infliger - 8. infestent - 9. consommé - 10. consumée - 11. infecte - 12. subvenir - 13. perpétuer - 14. décerner

3

impact - résultat - retombées - conséquence - cascade - dénouement - retentissement

4

a) Nous avons un voisin un peu bizarre, un écolo baba-cool qui se permet de dire aux habitants du village, notamment aux agriculteurs, comment il faut **s'y prendre / procéder** pour respecter la nature. Il leur **tient** de grands discours sur les dangers de l'agriculture ultra-productiviste. Comme les gens n'arrivent pas à **s'habituer / s'accoutumer** à son franc-parler, il ne s'est pas fait beaucoup d'amis.

Néanmoins, son action pour le respect de l'environnement **suscite / fait naître / éveille** l'admiration des plus jeunes.

Chez lui, il a tout **réalisé / fabriqué** lui-même. Tout d'abord, il a **construit / bâti** sa maison pierre par pierre, puis il a **fabriqué / construit** ses meubles. De plus, sa femme et lui **préparent** leur propre pain et **confectionnent / cousent** leurs vêtements avec du coton issu de l'agriculture biologique.

Comme ils ont un terrain qui **mesure / s'étend sur** 5 000 mètres carrés, ils ont **aménagé** un potager qui leur permet de **cultiver / produire** toutes sortes de légumes. Quant à la gestion du budget familial, c'est sa femme qui **s'occupe de / gère** tout. En effet, il ne peut rien **entreprendre** sans la consulter au préalable !

b) 1. me **fait** mal - 2. me **fait** honte ; me **rendre** malade - 3. me **fait** vraiment peur - 4. le **rendre** plus propre - 5. me **fait** plaisir - 6. **rendre** la vie plus agréable

Grammaire   p. 62-66

5

1. Maintenant, vous ne trouvez **plus personne** pour dire que le train est une invention du diable.

2. Maintenant, dans nos campagnes, il n'y a **plus nulle part** de villageois qui vivent sans électricité. / Il n'y a **plus nulle part** de villageois qui vivent sans électricité dans nos campagnes.

3. Bientôt, on ne pourra **plus jamais** photographier **personne** avec un appareil photo argentique.

4. Aujourd'hui, il n'y a **plus rien** de fascinant à voir passer un train.

5. Maintenant, on ne voit **plus jamais rien** d'intéressant au concours Lépine.

6. Bientôt, je **ne** pourrai **plus** trouver **personne nulle part** pour entretenir ma voiture de collection.

6

1. Puisque - 2. Grâce à / Par - 3. parce qu' - 4. faute d' - 5. comme - 6. sous prétexte que - 7. car - 8. à force de - 9. grâce à

7

1. tant qu'/ tellement qu' - 2. si / tellement scandaleuse que - 3. si bien que - 4. à tel point qu' - 5. telle gravité que - 6. tant / tellement de succès qu'

8

1. **Il suffirait que** l'importation du bois soit plus sévèrement contrôlée **pour que** nos forêts ne soient plus menacées de disparition.

2. **Il aurait suffi que** nous, pays riches, privilégiions les écosystèmes marins plutôt que les intérêts marchands à court terme **pour que** nos ressources marines ne soient pas en péril.

3. **Il suffit que** l'augmentation de la température moyenne mondiale soit ramenée à moins de 2 % d'ici la fin du siècle **pour que** la catastrophe climatique annoncée soit évitée.

9

Réponses possibles :

1. Il n'existe aucune traçabilité en matière d'OGM dans la nourriture que l'on donne aux bovins **de sorte qu'**on **ne sait pas** si l'on absorbe des OGM en mangeant de la viande. (conséquence)

2. Greenpeace dispose d'une flotte de navires très importante qui sillonne les mers **de telle sorte que** l'association **peut** enquêter efficacement sur les méthodes de pêche. (conséquence) / ... **de telle sorte que** l'association **puisse** enquêter efficacement sur les méthodes de pêche. (but)

3. Un quart des poissons est issu de la pêche « pirate ». Un plan d'action international doit être mis en œuvre **de sorte qu'**une réglementation **voie** le jour. (but)

4. Des convois de combustibles et de déchets dangereux traversent régulièrement le pays **de sorte que** la population **est** régulièrement mise en danger. (conséquence)

5. Nombreux sont ceux qui réclament le développement de l'agriculture bio **de sorte que** les consommateurs **sachent** ce qu'ils ont vraiment dans leur assiette. (but)

10

1. Nous proposons que tous les pays **inscrivent** la réduction de la consommation d'énergie... / Nous proposons que la réduction de la consommation d'énergie **soit inscrite** par tous les pays...

2. Nous nous attendons à ce que les autorités **refusent** de réguler les émissions d'origine agricole. / Nous nous attendons à ce que la régulation des émissions d'origine agricoles **soit refusée** par les autorités.

3. Nous exigeons que les gouvernements **mettent** en place une véritable politique innovante... / Nous exigeons que **soit mise** en place par les gouvernements une véritable politique innovante...

4. Il importe que nous **améliorions** la performance énergétique du secteur du bâtiment... / Il importe que la performance énergétique du secteur du bâtiment **soit améliorée**...

5. Nous tenons à ce que vous **instauriez** la taxe... / Nous tenons à ce que **soit instaurée** la taxe carbone ...

6. Il est urgent que les pays signataires **atteignent** leurs objectifs... / Il est urgent que les objectifs [...] **soient atteints** par les pays signataires.

11

Doute : Exercice 10 n°2 : Je **doute que** les autorités acceptent de réguler les émissions d'origine agricole. / Exercice 10 n°1 : **Je ne**

crois pas que tous les pays puissent se mettre d'accord pour inscrire la réduction de la consommation d'énergie dans le cadre de leurs priorités.

Crainte : Exercice 10 n°4 : **Je crains que** la politique d'amélioration de la performance énergétique du secteur du bâtiment ne serve qu'à soutenir l'immobilier en période de crise. / Exercice 10 n°6 : **J'ai bien peur que** les pays signataires ne soient pas en mesure d'atteindre leurs objectifs en ce qui concerne le piégeage et le stockage du CO_2.

Jugement : Exercice 10 n°5 : **Il est scandaleux que** le gouvernement veuille instaurer une telle taxe, qui handicaperait davantage les petites et moyennes entreprises. / Exercice 10 n°3 : **Cela m'étonnerait que** les gouvernements veuillent réellement mettre en place une politique innovante en matière de transports.

12
1. doit - 2. suffise - 3. dépendons / dépendions - 4. handicapera - 5. seront - 6. n'aillent pas - 7. maintiendront - 8. ait - 9. faille

Style _____ p. 66
13
1. « splendeurs invisibles » : par cette image, le poète se présente comme un visionnaire capable d'accéder à la richesse de l'invisible.
2. « soleil noir de la mélancolie » : pour traduire l'état mélancolique qui envahit, irradie tel le soleil, le champ de conscience de sombres pensées.
3. « tressaille d'une triste allégresse » : la joie de l'instant est entachée de mélancolie.
4. « cette obscure clarté » : pour réunir en une formule la lumière des étoiles et l'obscurité de la nuit.

14
1. « La clarté **sombre** des réverbères » (Baudelaire, *Les Paradis artificiels*)
2. « Cette **sublime** horreur » (Balzac, *Le Colonel Chabert*)
3. « Sa **belle** figure laide sourit tristement » (Alphonse Daudet, *Le Petit Chose*)
4. « Cette **petite** grande âme venait de s'envoler » (Victor Hugo, *Les Misérables*, à propos de la mort de Gavroche)
5. « Je voulais en mourant prendre soin de ma gloire,
Et dérober au jour une flamme si **noire** » (Racine, *Phèdre*)

QUIZ CULTUREL _____ p. 67
1 a Pour plus d'informations sur le concours Lépine : *www.concours-lepine.fr*
2 b Marcel Bich lança le concept révolutionnaire du stylo jetable en 1950, en 1973 celui du briquet jetable puis, en 1975, celui du rasoir jetable.
3 d Seul le mot *ampoule* n'a pas pris le nom de son inventeur (ici Thomas Edison).
4 b L'inventeur français Joseph Nicéphore Niépce (1765-1833) a été l'un des pionniers de la photographie. Il est resté dans l'histoire comme l'auteur du tout premier cliché.

5 c Pour plus d'informations : *www.edf.com*
6 a l'énergie fossile
7 b 20 %
8 c Le Grenelle de l'environnement, qui avait pour objectif de prendre des décisions à long terme en matière d'environnement et de développement durable, a été organisé en France en octobre 2007.
9 a Le ministère de l'Environnement a été créé en janvier 1971. Ce ministère a changé plusieurs fois de nom. Depuis 2007, il s'agit du ministère de l'Écologie, de l'Énergie, du Développement durable et de la Mer.
10 c Les États-Unis. La Russie l'a ratifié en 2004, la Chine en 2002.
11 b Yann Arthus-Bertrand
12 a Le Corbusier. Il conçut l'unité d'habitation de Marseille, également connue sous le nom de *Cité radieuse*, qui fut construite entre 1945 et 1952.

DOSSIER 9
Lexique _____ p. 68-69
1
1. rêve - 2. utopie - 3. mirage - 4. vision - 5. illusion - 6. chimère - 7. trompe-l'œil - 8. fantasmes - 9. hallucinations

2
1. réel - 2. fictif - 3. authentique - 4. illusoire - 5. patent - 6. tangible - 7. potentiel

3
1. divertissement - 2. frivolité - 3. fin - 4. enjeu - 5. probabilités - 6. interactions - 7. stratégies - 8. coalitions - 9. risque

4
1. il a hurlé / crié - 2. Il lui a ensuite ordonné / il l'a sommé (*langage soutenu*) - 3. Marc a protesté / grogné - 4. d'admettre / d'avouer / de reconnaître - 5. Il a bredouillé / marmonné - 6. a murmuré / chuchoté - 7. ânonner / balbutier - 8. supplier / implorer - 9. a promis / juré de / s'est engagé à - 10. interdit / défendu

Grammaire _____ p. 70-73
5
1. Elle a dit que 42 millions de personnes étaient / sont* des utilisateurs réguliers des réseaux sociaux et que ce nombre devrait atteindre 107 millions en 2012.
2. Elle a poursuivi en disant que les internautes n'étaient cependant pas tous de "gentils utilisateurs", que des comportements répréhensibles, tels que le harcèlement, s'étaient développés sur Internet ces dernières années. Elle a ajouté qu'en 2006 une employée avait été condamnée pour violences volontaires avec préméditation sur une collègue.
3. Elle a expliqué que cette employée s'était fait passer pour sa collègue sur divers sites de rencontres et avait divulgué ses coordonnées personnelles.

4. Puis elle a précisé que le problème, en France, c'est / c'était* que le cyber-harcèlement n'est / n'était* pas condamné alors que, dans le cadre des relations au travail, il pourrait être assimilé au harcèlement moral.

5. Elle a ajouté que le règlement interne de l'entreprise devait comporter des dispositions légales concernant le harcèlement moral et que si l'employeur – au courant ou pas de tels agissements – ne respectait pas cette obligation, il pourrait être condamné à indemniser le préjudice du salarié victime de harcèlement moral.

6. Elle a conclu en déclarant qu'il était primordial que la vie privée soit efficacement protégée et que la lutte contre la diffusion d'informations préjudiciables ou diffamatoires sur Internet serait l'un des combats importants des années à venir.

* Il est possible de ne pas faire la concordance des temps et donc d'utiliser aussi le présent quand les faits sont toujours d'actualité au moment où on les rapporte.

6

Réponse possible :

Je l'ai revu le 16 mai et il m'a confié qu'il se croyait malade, lui qui se portait si bien le mois précédent (d'avant).

Le 5 juillet, il se demandait* s'il avait perdu la raison, car ce qui s'était passé, ce qu'il avait vu la nuit précédente était tellement étrange que sa tête s'égarait quand il y songeait.

Le 6 juillet, il a déclaré qu'il devenait fou, qu'on avait encore bu dans sa carafe cette nuit-là. Mais il se demandait* si c'était lui qui avait bu la carafe et, si ce n'était pas lui, qui alors cela pouvait (bien) être. Il a répété qu'il devenait fou et a demandé qui le sauverait.

Dix jours plus tard, il m'a seulement dit qu'il avait vu la veille des choses qui l'avaient beaucoup troublé.

Le 21 juillet, il a convenu que tout dépendait des lieux et des milieux et que croire au surnaturel dans l'île de la Grenouillère serait le comble de la folie... mais il se demandait ensuite s'il en serait de même au sommet du mont Saint-Michel ou dans les Indes. Il a conclu en disant que nous subissions effroyablement l'influence de ce qui nous entourait et qu'il rentrerait chez lui la semaine suivante (d'après).

Le 30 juillet, il m'a prévenu qu'il était revenu dans sa maison depuis la veille et que tout allait bien.

Le 10 août, rien ne se passa mais il s'est demandé ce qui arriverait le lendemain.

Le 16 août, il m'a avoué qu'il avait pu s'échapper ce jour-là pendant deux heures, comme un prisonnier qui trouve ouverte par hasard la porte de son cachot. Il m'a raconté qu'il avait senti que, tout à coup, il était libre et qu' « il » était loin. Il m'a dit qu'il avait ordonné d'atteler bien vite et qu'il avait gagné Rouen. Il a ajouté qu'il avait été heureux de pouvoir dire « Allez à Rouen ! » à un homme qui obéissait.

Il a poursuivi son récit et m'a dit qu'au moment de remonter dans son coupé, il avait voulu ordonné qu'on aille (d'aller) à la gare, et qu'il avait crié de rentrer à la maison – il m'a bien précisé qu'il ne l'avait pas dit mais qu'il l'avait crié – d'une voix si forte

que les passants s'étaient retournés ; et qu'ensuite il était tombé, affolé d'angoisse, sur le coussin de sa voiture. Il en a conclu qu' « il » l'avait retrouvé et repris.

Le 19 août, il a dit qu'il le tuerait. Il m'a assuré qu'il l'avait vu, alors qu'il s'était assis la veille au soir à sa table et qu'il avait fait semblant d'écrire avec une grande attention.

Le 10 septembre enfin, il a déclaré qu'il n'était sûrement pas mort et qu'il allait donc falloir qu'il se tue...

* Sous-entendu : il m'a dit qu'il se demandait...

7

1. Mes parents se sont rencontr**és** sur Internet en jouant à *Donjons et Licornes*. Ils se sont parl**é**, ils se sont observ**és**, ils se sont pl**u** et ils finalement ils se sont mari**és**.

2. J'ai fait une partie de *Donjons et Licornes* qui s'est jou**ée** sur six mois. Les six mois que j'ai pass**é*** à jouer à ce jeu ont été très durs et très exigeants. Je ne dormais presque plus.

3. Ces jeux de rôles se sont biens vend**us**. Dans notre cas, les 15 euros qu'il a coût**é*** ont vite étaient amort**is**, compte tenu des heures de jeu et des sensations qu'il nous a procur**ées**.

4. Elle croyait être arriv**ée** au dernier plateau du jeu quand elle s'est aperç**ue** qu'elle s'était trompée. Elle s'est cass**é** la tête sur la dernière énigme. Toutes les clés du château avaient été trouv**ées**, sauf celle pour ouvrir le donjon.

5. Lorsque les deux chevaliers se sont crois**és**, ils se sont batt**us**.

6. Les enfants se sont succéd**é** toute la journée devant l'ordinateur, je les ai regard**és**** jouer et ils s'en sont donn**é** à cœur joie ! Je joue aussi à ce jeu. Le soir, nous nous racontons les histoires que nous avons véc**ues** dans le monde virtuel.

7. Parfois, je repense avec tristesse aux quarante-six années que j'ai véc**u*** avant d'avoir le plaisir de jouer à ce jeu !

8. Ce jeu nous a fai**t** connaître des gens du monde entier que j'ai trouv**és** charmants.

9. Les jeux vidéo que j'ai essay**és** sont plus intéressants que je le croyais. Et vous, en avez-vous déjà essay**é** certains ? Si oui, combien de jeux avez-vous appréci**és** *** ?

10. Nous nous sommes laiss**é** dire que ces jeux favorisaient le développement cognitif de l'enfant.

* Ce n'est pas un COD qui est placé avant le participe passé mais un complément de durée (Combien de temps ? 6 mois, 46 années) ou de prix (Combien ? 15 euros) ; dans ce cas, le participe reste invariable.

** Avec *voir, entendre, écouter* + inf. : on fait l'accord si le complément fait l'action exprimée par l'infinitif.

*** Le COD précédant le participe est un adverbe de quantité suivi de son complément, il commande donc l'accord.

8

véc**ût*** - allait - trouvait - rendaient - désolait - disais - était - avais causées - avait tues - avait compris - commençait - viendraient - verrais - ne m'était jamais apparu - serait - verrait - ne serais pas - demandant - n'avait pas

* vécût = imparfait du subjonctif. Aujourd'hui, on ne respecte plus la concordance des temps dans ce cas et on utilise le subjonctif présent « vive ».

CORRIGÉS

Style
p. 73-74

9

1. La cerise sur le gâteau : ce qui est donné en prime, le petit supplément qui s'ajoute à un tout. Prise ironiquement, l'expression signifie « le bouquet », « le comble ».
2. Dans la cour des grands : dans le groupe des personnes connues et influentes.
3. Avoir le vent en poupe : métaphore du navire porté par les vents, signifie « être dans une période de réussite ».
4. Un pavé dans la mare : un facteur de trouble, quelque chose qui dérange soudainement.
5. Caracoler en tête : métaphore du cheval qui court devant tous les autres.
6. Revoir sa copie : reprendre, rectifier ce qu'on a fait dans le but de l'améliorer.
7. L'ironie de l'histoire : concerne un fait qui n'était pas prévu, envisagé dans le déroulement des événements, dans une perspective historique.
8. La balle est dans leur camp : c'est à eux de jouer, l'initiative leur revient.
9. Ne connaît pas la crise : dans un contexte de crise et donc de privations = ne connaît pas de difficultés.
10. La partie émergée de l'iceberg : métaphore de l'iceberg pour évoquer les deux faces d'un événement, d'une situation : la partie visible, connue, c'est-à-dire « émergée », par opposition à la partie « immergée », invisible, inconnue, non révélée, dans l'ombre.
11. À qui profite le crime : qui tire profit, bénéfice d'une situation.
12. Les quatre coins de l'hexagone : l'hexagone = la France, aux quatre coins = partout, donc aux quatre coins de l'hexagone = partout en France.
13. S'enfoncer dans la crise : aborder une phase d'aggravation, de détérioration.
14. Affaire à suivre : signifie ne pas oublier cette affaire, y penser dans l'avenir.

10

Être cités dans votre article est **une récompense suprême**, qui prouve que **la chance est avec nous**. Nous allons assurément **arriver en tête de liste** de *Google Actualités* !
En troublant ainsi les esprits, vous incitez de nombreux journaux à **être plus vigilants** s'ils veulent continuer à **figurer parmi les meilleurs** et **avoir de bonnes ventes. C'est maintenant à eux d'agir.**
Contrairement à ce qu'on pouvait attendre, tout cela **ne représente qu'une partie du problème.** La presse papier va mal et **ne cesse de péricliter.**
Partout en France, les journaux vont se demander **qui va finalement bénéficier de cette situation. Seul l'avenir nous le dira !**

QUIZ CULTUREL
p. 75

1 b En 1881, les paris sur les courses de chevaux sont rendus légaux en instituant la mutualisation (les parieurs sur les courses se partagent les gains). En 1930, une loi permet aux sociétés de courses d'enregistrer les paris en dehors des hippodromes. En 1931 apparaît le PMU.

2 a « Puisqu'il vous faut choisir, voyons ce qui vous intéresse le moins. Vous avez deux choses à perdre : le vrai et le bien, et deux choses à engager : votre raison et votre volonté, votre connaissance et votre béatitude ; et votre nature a deux choses à fuir : l'erreur et la misère. Votre raison n'est pas plus blessée en choisissant l'un que l'autre, puisqu'il faut nécessairement choisir. Voilà un point vidé. Mais votre béatitude ? Pesons le gain et la perte, en prenant choix que Dieu est ; si vous gagnez, vous gagnez tout ; si vous perdez, vous ne perdez rien. Gagez donc qu'il est sans hésiter. » (Blaise Pascal, *Pensées*, 1670). Par l'argument du pari, Pascal veut démontrer aux incroyants qu'en pariant sur l'existence de Dieu ils ont tout à gagner.

3 c On pronostique les trois premiers chevaux gagnants d'une course.

4 c Pour plus d'informations sur la Française des jeux : *www.francaisedesjeux.com*

5 c mai 2010

6 b le tarot

7 a Le mot *avatar* est né dans la religion hindouiste. Il désigne la descente sur Terre d'un être divin. Il a ensuite désigné des transformations, des métamorphoses subies par un objet ou un endroit.

8 c Chateaubriand (1768-1848) est le premier grand romantique. Son roman autobiographique *René* a donné le premier héros romantique.

9 a Jean-Pierre Jeunet

10 d *L'Assommoir* est un roman d'Émile Zola publié en 1877, septième volume de la série *Les Rougon-Macquart*.

11 a Les cinq arts « classiques », proposés par Hegel entre 1820-1829, sont l'architecture, la sculpture, la peinture, la musique et la poésie. On y ajoute traditionnellement la danse. Le septième art est une expression proposée en 1919 par Ricciotto Canudo pour désigner le cinéma. La huitième place est assez disputée (théâtre, photographie ?) mais revient en général à la télévision. L'expression « neuvième art » désigne couramment la bande dessinée. Le dixième art est parfois attribué à l'art numérique ou à l'art des nouvelles technologies.

DOSSIER 10
Lexique
p. 76-77

1

1. académisme - 2. formes - 3. œuvres - 4. créateurs - 5. classiques - 6. visionnaires - 7. canons - 8. art - 9. goût - 10. nouveauté - 11. expression

2

1. faussaire - 2. plagiat - 3. pastiches - 4. copier-coller - 5. sosie - 6. répliques - 7. imitations / mimes

3

1. imagées (une histoire imaginée : inventée)

2. éminent (une catastrophe imminente : qui et sur le point d'arriver)

3. criante (des couleurs criardes : trop vives)

4. vénéneux (un serpent venimeux : qui a du venin)

5. notoire (un fait notable : qui est digne d'être noté, important)

6. triomphal (triomphant : qui a remporté une victoire)

7. originel (un film original : qui n'est pas comme les autres)

8. intensif (une saveur intense : très forte)

4

1. rêvasser - 2. verdâtre - 3. discutaillé - 4. fadasses - 5. rougeaud - 6. vieillot - 7. chauffard - 8. jaunâtre

5

1. la **peinture** à l'huile / une véritable **peinture** des mœurs - 2. la transparence des **couleurs** / une **couleur** tragique - 3. respecter les **perspectives** / La **perspective** de voir - 4. sa **palette** à la main / une large **palette** d'émotions - 5. les **nuances** de bleu / la **nuance** de sens

Grammaire   p. 78-81

6

1. un seul être - 2. la triste histoire / d'une femme seule - 3. une brave fille / le linge sale / une double vie / ses propres couleurs / un simple pinceau / des tableaux uniques / un curieux hasard / un critique d'art renommé / un grand talent / cette fille simple / au destin singulier

7

1. Cet essayiste n'aime **rien tant que** bousculer les idées reçues.

2. Cette maison, je l'ai conçue **telle que** je l'avais imaginée. / Cette maison, **telle** je l'avais imaginée, **telle** je l'ai conçue.

3. **À l'instar de** celle de son maître Rodin, l'œuvre de Camille Claudel est animée d'un souffle tragique, voire épique.

4. Ce salarié, **au même titre que** ses collègues, a droit à des réductions pour les expositions au Grand Palais.

8

1. à - 2. de - 3. à le → au - 4. avec - 5. à - 6. sur - 7. de - 8. de - 9. sur - 10. de - 11. pour

9

1. Le metteur en scène était en colère **contre** les acteurs qui n'avaient pas appris leur texte.

2. Il a longuement hésité avant de nous entretenir **de** l'intrigue de son prochain roman.

3. Quand il a découvert que le jury ne lui avait décerné aucun prix, il a crié **à** l'injustice.

4. Il a détesté ce cours de musique, il n'est pas près **de** se réinscrire.

5. Il faut rappeler que c'est **grâce aux** subventions de l'État que les petits théâtres peuvent encore vivre.

6. Pour progresser, je vous encourage **à** rejouer ce morceau chez vous tous les jours.

7. Elle n'a pas hésité **à** partir aux États-Unis pour rejoindre cette compagnie de danse professionnelle.

8. Il est prêt **à** tous les sacrifices pour réussir sa carrière d'acteur.

9. Elle est très intéressée **par** la peinture et **par** l'art en général.

10

1. Il est important qu'un bilan de la politique française de soutien à la création artistique soit dressé.

2. Il aime à raconter que toute son œuvre lui aurait été soufflée par un démon.

3. Un prix spécial a été décerné à cet acteur pour l'ensemble de sa carrière.

4. Je ne comprends pas qu'un tel navet ait pu être tourné par ce réalisateur.

5. Si nous avions été mieux guidés par nos maîtres, nous aurions pu créer de grandes œuvres.

6. Son nom était ignoré du grand public jusqu'à ce que son film soit primé au Festival de Cannes.

7. Ce livre, quoiqu'il ait fait l'objet d'une grande campagne de publicité, a été lu par peu de gens.

8. Le prix Nobel de littérature sera remis par le roi de Suède en personne au cours d'une cérémonie officielle.

11

S'il fallait donner la définition de l'art, au seul point de vue de son rôle dans l'éducation, je dirais que c'est, avant tout, le sens de la beauté. [...] Éveiller dans les âmes juvéniles le sens de la beauté, c'est travailler à l'embellissement de la vie individuelle et au perfectionnement de la vie sociale. Mais comment s'y prendre ? La question doit être embarrassante,* car je remarque que la plupart des solutions qu'on y a données sont maladroites et inefficaces. En tous les cas, ce ne sont pas les nations les plus artistes qui paraissent le mieux inspirées sous ce rapport. La Grèce et l'Italie n'ont presque rien fait : en Allemagne et en France, quelques efforts gauches ont été tentés. C'est probablement en Amérique que se trouvent les initiatives les plus heureuses, initiatives privées naturellement et parfois difficiles à découvrir. Je me souviens d'avoir visité il y a dix ans, à Saint-Louis du Missouri, une modeste école des Beaux-Arts que le hasard seul m'avait fait connaître et d'avoir été vivement frappé par la simplicité géniale des procédés d'enseignement. [...] Le professeur m'expliqua sa méthode : « C'est notre laboratoire », dit-il. Cet homme, qui n'était pas un artiste consommé, approchait l'étude de l'art tout simplement, sans s'inquiéter de la routine et du convenu qui nous encombrent, nous autres, gens du vieux monde. Disposant d'un maigre budget, il ne pouvait acquérir, lors de ses fréquents voyages outremer, des objets très précieux. Il prenait des notes et des croquis, se procurait des photographies, des reproductions de tout genre ; ** à travers les musées de l'Europe, il cherchait, son livre d'histoire à la main, ce qui synthétise une époque et en évoque les aspirations intimes à leur plus belle période d'épanouissement, et, au retour, ses élèves s'attelaient à reproduire, sous sa direction – avec quel intérêt passionné, on le devine – la beauté lointaine dont il leur rapportait l'image.

* Il n'est pas obligatoire de mettre une virgule avant *car*.

** On trouve un point-virgule dans le texte mais on pourrait aussi mettre un point.

12

1. L'œuvre d'Elstir était faite de ces rares moments où l'on voit la nature telle qu'elle est, poétiquement.

2. Quoique très intéressant / Même s'il est très intéressant, l'exercice de style est loin de faire oublier [que] les œuvres des grands noms du genre sont désormais devenues ornementations inoffensives destinées à la haute société.

3. Cerise sur le gâteau : les internautes ont la possibilité d'assister au tournage et donner leur avis sur certaines décisions artistiques. / De surcroît/Qui plus est, il est possible pour les internautes d'assister au tournage et de donner leur avis sur certaines décisions artistiques.

4. Dans une clairière enneigée, une Citroën AX blanche paraîtrait abandonnée sans ces quatre hommes aux cheveux très longs que l'on distingue assis dans la voiture.

Style   p. 82

13

1. antanaclase (répétition du même mot, au sens propre et au sens figuré) - 2. zeugma - 3. zeugma - 4. chiasme (figure disposant en ordre inverse les mots de deux propositions qui s'opposent) - 5. zeugma - 6. zeugma - 7. oxymore - 8. paradoxe (affirmation contraire à l'opinion courante ou au bon sens) - 9. zeugma - 10. anaphore (répétition d'un mot ou d'un groupe de mots au début de plusieurs phrase successives, pour insister sur une idée, produire un effet de symétrie) - 11. zeugma - 12. zeugma

14

Réponses possibles :

1. Il tira son épée et des plans sur la comète.
2. Je lui ai donné une lettre et mon avis.
3. Il sauta la barrière et son déjeuner.
4. Il posa une question et son manteau.
5. Vêtu d'un costume et de beaucoup d'orgueil.
6. Retenez cette date et une place d'avion.
7. Il poussa le verrou et un long soupir.
8. J'ai traversé la France et une période difficile.
9. J'ai 20 ans et de l'ambition.

QUIZ CULTUREL   p. 83

1 b Classée monument historique, la grotte de Lascaux est inaugurée en 1948. Malgré les précautions prises, les peintures commencèrent à se détériorer. La grotte fut définitivement fermée au public en 1963. Dix ans plus tard, le projet d'un fac-similé est émis, qui aboutira à l'ouverture de Lascaux II en 1983. Ce fac-similé est situé à 200 m de la grotte originale ; il rassemble la majeure partie des peintures de Lascaux. Une véritable prouesse technologique et une grande rigueur scientifique ont permis de recréer l'atmosphère de la cavité originale. Pour plus d'informations : *www.lascaux.culture.fr*

2 a En 1975, Georges Cravenne créa l'Académie des arts et techniques du cinéma qui eut, dès son origine, pour vocation de récompenser les réalisations du cinéma français, de manière comparable aux Oscars américains. La première nuit des César s'est déroulée le 3 avril 1976, sous la présidence de Jean Gabin.

3 c François Mauriac, élu à l'Académie française en 1933, reçoit le prix Nobel de littérature en 1952, mais pas le Goncourt. Pour plus d'informations : *www.prix-litteraires.net*

4 c Cette foire se déroule chaque année au mois d'octobre à Paris. Pendant plusieurs jours, cette manifestation devient le lieu de rencontre internationale entre galeristes, collectionneurs, conservateurs, directeurs de musées et personnalités du monde de l'art contemporain international.
Pour plus d'informations : *www.fiac.com*

5 b *Les Choristes* : film français de 2004 réalisé par Christophe Barratier.

6 impressionnisme (mouvement pictural né en France, dans le dernier tiers du XIXe siècle, en réaction contre la peinture académique officielle) ; fauvisme (début du XXe siècle, sur une période très courte jusqu'en 1908) ; expressionnisme (se développe à partir de 1905 en Allemagne et se poursuit jusqu'au début de la Seconde Guerre mondiale) ; cubisme (s'est développé de 1907 à 1914)

7 a Inventé par les surréalistes vers 1925, le cadavre exquis est un « jeu qui consiste à faire composer une phrase, ou un dessin, par plusieurs personnes sans qu'aucune d'elles puisse tenir compte de la collaboration ou des collaborations précédentes. » (*Dictionnaire abrégé du surréalisme*)

8 c Marcel Duchamp définit le *ready made* comme un « objet usuel promu à la dignité d'objet d'art par le simple choix de l'artiste » (*Dictionnaire abrégé du surréalisme*)

9 a L'artiste américano-bulgare Christo a empaqueté de toile polyamide le Pont-Neuf pendant quinze jours.

10 b Le musée national d'art moderne occupe deux étages du centre Pompidou à Paris depuis 1977.

11 c *La Liberté guidant le peuple* est un tableau d'Eugène Delacroix datant de 1830.

DOSSIER 11
Lexique   p. 84-86

1

1. exercer - 2. traitant / ordonnance - 3. honoraires - 4. complications / dépister / consulter / symptômes - 5. généralistes / cabinet - 6. auscultation / patient / a diagnostiqué

2

1. enduire (induire : mener à, conduire vers, pousser à / induire en erreur les consommateurs)

2. alcooliques (des boissons alcoolisées)

3. médicinales (médical : qui concerne la médecine / le secret médical)

4. recouvré (recouvert : participe passé du verbe *recouvrir*)

5. confrères (Des confrères exercent la même profession mais dans des établissements différents. Au contraire, des collègues peuvent avoir des professions différentes, mais au sein du même établissement.)

6. nutritionnelles (nutritif : qui nourrit / Le lait maternel est très nutritif.)

7. énergétique (énergisant : stimulant /Une boisson énergisante)

8. contracture (contraction : réaction du muscle / contractions des muscles du visage)

9. conjectures (La conjoncture économique actuelle ne nous permet pas d'espérer de meilleurs résultats.)

10. désintéressement / méritants (Le désintérêt de mon fils pour les études m'inquiète. Néanmoins, ses efforts récents sont méritoires.)

11. effleurer (affleurer : apparaître à la surface / Les souvenirs affleurent quand je regarde ces vieilles photographies de vacances.)

3

1. un stomatologue - 2. un hématologue - 3. un gastroentérologue - 4. un néphrologue - 5. un pneumologue - 6. un dermatologue - 7. un ophtalmologue

1. un obstétricien - 2. un pédiatre - 3. un gynécologue - 4. un andrologue - 5. un gériatre / un gérontologue - 6. un oncologue (toutefois, beaucoup de gens utilisent plutôt le terme *cancérologue*)

4

1. une crème **brûlée** / une vraie tête **brûlée** - 2. **couvent** leurs œufs / **couver** quelque chose - 3. **mouche**-toi / s'est fait **moucher** - 4. sa démarche **boiteuse** / son argumentation est **boiteuse** - 5. il a passé la première nuit à **vomir** / **vomir** des imprécations - 6. né **aveugle** / il faut que votre médecin soit bien **aveugle** - 7. les **cicatrices** de varicelle / les **cicatrices** de l'histoire

5

1. à l'encontre de - 2. à la faveur de - 3. À raison d' - 4. à la rencontre d' - 5. En raison des - 6. en faveur du

Grammaire   p. 86-89

6

1. s'en - 2. m'en - 3. le leur - 4. l'y - 5. les y - 6. vous-en - 7. leur en - 8. le lui - 9. vous-y

7

1. à - 2. de - 3. de - 4. à - 5. de - 6. à - 7. de - 8. à - 9. à - 10. de

8

1. L'absorption de pâte à modeler, **à la suite de laquelle** de nombreux enfants ont été intoxiqués, est la conséquence d'un jeu qui a mal tourné.

2. Le docteur Guibert, **sous la houlette de qui / duquel*** se fera l'intervention chirurgicale, est le chirurgien le plus réputé dans cette spécialité.

3. Ce praticien a été nommé président d'un comité d'éthique **au sein duquel** les dissensions sont nombreuses.

4. Ce cas mystérieux, **sur lequel** se penchent les médecins depuis des mois, a d'étranges ressemblances avec ce qu'on appelle la « malédiction des pharaons ».

5. Après la mort suspecte de trois patients, le conseil d'administration de l'hôpital a demandé une enquête **au cours de laquelle** les soupçons se sont portés sur un infirmier de l'hôpital.

6. Une équipe de scientifiques européens, **parmi lesquels** figure un virologiste français, a reçu le prix Nobel de médecine.

7. Les laboratoires suisses **à l'encontre desquels** ont été lancées de graves accusations ont choisi de porter plainte pour diffamation.

8. Les populations autochtones, **au détriment desquelles** ces recherches ont été réalisées, sont aujourd'hui menacées.

* Quand il s'agit d'une personne, on peut utiliser *de qui* ou *duquel / de laquelle*.

9

1. L'inspecteur a trouvé une preuve qui **est / était** accablante (= réalité). / L'inspecteur cherche une preuve qui **soit** accablante (= désir).

2. Dans cet épisode, il y a un policier qui **sait** parler russe (= réalité). / Parmi vous, y a-t-il quelqu'un qui **sache** parler russe ? (= demande).

3. Cette série policière est la plus palpitante que je **connaisse**. / De ces deux polars, c'est le plus noir que **je préfère/j'ai préféré**.

4. On n'a pas encore trouvé de médicament qui **guérisse** cette maladie. / C'est actuellement le seul médicament qui **guérit** cette maladie.

10

1. Les gardiens sont certains qu'il **a** un complice au sein de la prison. / Les gardiens ne sont pas certains qu'il **ait** un complice au sein de la prison.

2. Pensez-vous qu'il **faille** poursuivre l'enquête ? / Lieutenant, est-ce que vous pensez qu'il **faut** poursuivre l'enquête ?

3. Tout le monde reconnaît que ces cambrioleurs **sont** très bien organisés. / Que ces cambrioleurs **soient** très bien organisés, tout le monde le reconnaît.

4. Le commissaire n'estime pas que l'on **doive** procéder à une perquisition. / Le commissaire estime que l'on **doit** procéder à une perquisition.

5. Je suis convaincu que l'on **découvrira** tôt ou tard la vérité. / Je ne suis pas convaincu que l'on **découvre** un jour la vérité.

11

1. Tout le monde admet que la commissaire **a / a eu** raison de demander des analyses ADN poussées. (= tout le monde reconnaît que) Mais personne n'admet qu'elle **prenne / ait pris** seule toutes les décisions. (= tout le monde refuse que)

2. À son air abattu, j'ai compris que quelque chose d'horrible **se passait / s'était passé.** / Après ce qui m'est arrivé, le chef comprend que je ne **veuille** plus travailler sur ce dossier.

3. Supposons que vous **vouliez** vous venger de la famille, comment vous y prendriez-vous ? / Je suppose que vous **connaissez** la route pour venir chez nous.

4. Les de Lenclos prétendent que ce domestique les **fait / faisait** chanter. / Je ne prétends pas que mon hypothèse **soit** juste, mais je l'espère.

5. La famille de la victime était d'avis qu'il **fallait** arrêter les investigations. / Le commandant a déclaré aux policiers : « Je suis d'avis que vous **fassiez** encore quelques recherches sur le terrain pour éventuellement découvrir d'autres indices ».

6. Une personne normale ne s'imagine pas qu'on **puisse** commettre de tels actes. / Le public s'imagine que le héros **peut / pourra** échapper à la police lors du dernier épisode.

12

se soit effacée - s'appelait - raconterait - avait provoquée - affluaient - songeât* / songe - allait - trouverait - rassurerait - avait eu - pouvait - aurait dû - décelait - s'allongea - attendit - se manifeste - refusait - était - renseignerait - venait - se formait - ait pu - soit enfin parvenue -noyait

* Imparfait du subjonctif. Temps devenu rare aujourd'hui, qu'on peut remplacer par le subjonctif présent.

NB : le récit n'est pas au style indirect, mais au style indirect libre (au passé).

Style   p. 89-90

13

Ironie
- L'irruption inattendue du mot « canon » (l. 2) dans l'énumération des instruments de musique : instruments/harmonie/canons.
- La comparaison « une harmonie telle qu'il n'y en eut jamais en enfer » (l. 2) : l'énumération des instruments, formant « l'harmonie », entre en contradiction avec le mot « enfer » : l'harmonie n'est en fait rien d'autre que désordre et massacre.
- Les antiphrases : « meilleur des mondes » (l. 3-4) (= monde horrible et sanguinaire) ; « coquins qui en infectaient la surface » (l. 4) (= hommes qui ne méritaient pas de mourir)
- L'oxymore « boucherie héroïque » (l. 6) : rapproche un adjectif évoquant la grandeur et le courage et un substantif renvoyant à une réalité triviale (d'un côté un sentiment valorisant, de l'autre le sang qui coule)

Exagération
L'hyperbole : « Rien n'était si beau, si leste, si brillant, si bien ordonné que les deux armées. » (l. 1)

Euphémisme
- « renverser » (l. 3) : au lieu de tuer (on croit avoir affaire à de simples jouets ou soldats de plomb)
- « ôter du meilleur des mondes » (l. 3-4) : au lieu de tuer

Description exacte des détails
Accumulation macabre de détails crus et anatomiques : « morts », « mourants », « femmes égorgées », « filles éven-trées » « demi-brûlées », « cervelles répandues », « bras et jambes coupés » (l. 10-14)

Contraste
Contraste entre le récit des opérations (émerveillement devant l'harmonie visuelle : « Rien n'était si beau ») et le réalisme cru du tableau des carnages.

14
Production libre

QUIZ CULTUREL   p. 91

1 a Louis Pasteur commence ses recherches sur la rage en 1880. En 1888, fondation à Paris d'un établissement destiné au traitement de cette maladie : l'Institut Pasteur. Il fut dirigé par Pasteur lui-même, jusqu'à sa mort.

2 b Dr Jean-Martin Charcot : fondateur avec Guillaume Duchenne de la neurologie moderne et l'un des plus grands cliniciens français.

3 c En 1903, le prix Nobel de physique est attribué conjointement à Henri Becquerel et à Pierre et Marie Curie.

4 b Ce virus est isolé en décembre 1982 par l'équipe de Luc Montagnier à l'Institut Pasteur.

5 c un/une sage-femme

6 a Louis-Ferdinand Destouches, dit Céline, était médecin, comme son personnage du *Voyage au bout de la nuit*.

7 c Médecins sans frontières

8 a Le caducée ou emblème de la pharmacie française est composé du serpent d'Asklépios qui s'enroule, se redresse et renverse sa tête vers la coupe d'Hygie (déesse de la Santé), fille d'Asklépios.

9 b une médecine qui étudie les causes du décès en cas de mort suspecte

10 c la carte Vitale, dont la première version a été diffusée en 1998

11 b Molière

12 a Le mot *toubib* tire son origine du terme arabe *tabib* qui signifie *médecin*.

DOSSIER 12
Lexique   p. 92-93

1
Voir grille ci-contre.

2
1. populaire (un discours populiste : qui flatte le peuple)
2. opprimée (être oppressé : ne plus pouvoir respirer)
3. viable (un endroit vivable : supportable, où l'on peut vivre)
4. florissantes (un arbre fleurissant : en fleur)
5. prolifique (être peu prolixe : peu bavard, peu loquace)
6. oisifs (une dispute oiseuse : qui ne mène à rien)
7. infantile (un langage enfantin : propre à l'enfant)
8. sûres (une politique sécuritaire : qui privilégie les problèmes de sécurité publique)

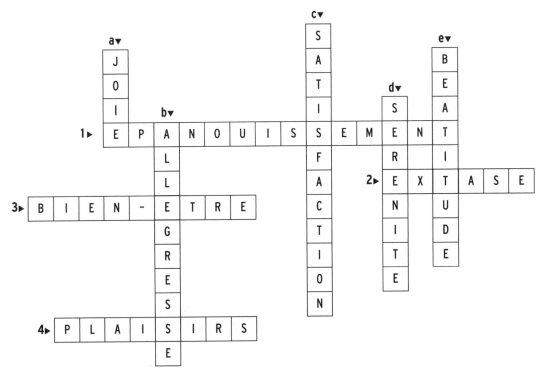

3

1. creuser des **fondations** / la **fondation** de la ville de Rome - 2. les poutres de la **charpente** / la **charpente** de son discours - 3. la première pierre de l'**édifice** / apporter sa pierre à l'**édifice** - 4. il faut les **cimenter** / (elle) **a cimenté** leur amitié - 5. fais-le en **béton** / un dossier en **béton** - 6. ils ont dressé un **échafaudage** / Il **échafaude** des plans d'évasion - 7. une vingtaine de **piliers** / c'est lui le véritable **pilier** - 8. avait fait **ériger** / la presse l'a **érigé** - 9. le **pont** le plus haut / jeter un **pont** - 10. **creuser** très profond / l'idée est à **creuser** !

Grammaire   p. 94-97

4

1. autrui - 2. n'importe laquelle - 3. quelconque - 4. qui que - 5. n'importe quoi - 6. autre part - 7. quoi que - 8. n'importe qui - 9. quelque part - 10. Tel - 11. Quiconque - 12. nulle part - 13. n'importe quel - 14. Nul

5

1. Il **en** a encore **quelques-unes** à nous faire visiter.
2. Au rez-de-chaussée, nous allons **toutes les** faire refaire.
3. Il faut qu'**elles** soient **toutes** scrupuleusement respectées.
4. Nous **en** avons consulté **quelques-uns** avant de nous décider.
5. Vous venez de **toutes les** peindre en bleu.
6. Le syndic de l'immeuble se prononcera sur les travaux à effectuer après **les** avoir **tous** consultés.

6

1. Tous - 2. tout - 3. toute - 4. Tous - 5. toutes* - 6. tout - 7. toutes

* L'adverbe *tout* est invariable sauf lorsqu'il est placé devant un adjectif (ou un nom) féminin commençant par une consonne ou par un « h » aspiré.

7

1. Je ne consentirai pas à vivre en communauté **à moins qu'**on m'y contraigne
2. Je ne comprends pas pourquoi vous déménagez, **d'autant que** vous venez de faire des travaux.
3. Notre maison a été très endommagée lors de la tempête, **au point qu'**elle est aujourd'hui inhabitable.
4. Je réalisais l'inconfort des lieux **à mesure que** l'hiver avançait.
5. Ce salon est très agréable à vivre **pour peu qu'**il soit bien rangé.
6. Il a trouvé son appartement après un an de recherches, **comme quoi** il ne faut jamais perdre espoir.
7. Nous acceptons de lui louer ce studio **sous réserve qu'**elle trouve un garant.
8. Je me réjouis de m'installer à la campagne, **encore que** ça ne plaise pas à ma femme.
9. Il se pourrait que l'appartement se libère, **auquel cas** je vous préviendrai.

8

1. à côté de - 2. du côté des - 3. près de - 4. auprès des - 5. en face de - 6. Face aux - 7. en regard de - 8. au regard de

9

1. Ce vigile a un gros chien. **Il** n'est pas très sympathique.
→ Ce vigile a un gros <u>chien</u> **qui** n'est pas très sympathique.
→ Ce <u>vigile</u>, **qui** a un gros chien, n'est pas très sympathique.
2. Je pense que les personnes âgées ne devraient pas être autorisées à conduire sur les routes de campagne, **elles** sont bien trop dangereuses.
→ Je pense que les **personnes âgées sont bien trop dangereuses** (au volant) et ne devraient donc pas être autorisées à conduire sur les routes de campagne.

→ Je pense que les personnes âgées ne devraient pas être autorisées à conduire sur les routes de campagne, **qui** sont bien trop dangereuses.

3. Un mari quitte sa femme le jour de **son** anniversaire.

→ Un mari quitte sa femme le jour de l'anniversaire **de celle-c**i.

→ Un mari, le jour de **son propre** anniversaire, quitte sa femme.

4. Je ne comprends pas la peur **des chiens**.

→ Je ne comprends pas **les gens qui ont peur des chiens**.

→ Je ne comprends pas **pourquoi les chiens ont peur**.

5. La commission a jugé **les adultes responsables**.

→ La commission a jugé **que les adultes étaient responsables**.

→ La commission a jugé les adultes **qui étaient responsables** (du camp de vacances / de la classe...)

10

1. Le préfet est très souvent intervenu en leur faveur si bien qu'ils n'osent plus solliciter son aide qui, pourtant, pourrait leur être précieuse.

2. Dans le but de protester contre la construction de nouvelles voies, Pierre et Jeanne (le couple) ont (a) bloqué l'autoroute Paris-Bordeaux. Pour cela, ils avaient loué un planeur et c'est avec cet engin/appareil qu'ils ont atterri sur l'autoroute. Comme celle-ci était devenue impraticable les services de polices ont dû la fermer / laquelle, devenue impraticable, avait dû être fermée par les services de police.

3. Pour haranguer les automobilistes, Pierre et Jeanne n'avaient pas de micro. C'est un de leurs amis qui leur avait prêté le sien / leur en avait prêté un.

4. Pierre a deux frères : Rémi, né un an avant lui, et Martin, né dix ans après lui. Le premier/l'aîné est en prison depuis deux ans pour escroquerie et le deuxième/le plus jeune/le benjamin travaille pour les renseignements généraux.

Style   p. 97-98

11

Texte 1 : descriptif : portrait physique d'un personnage, Vautrin. Texte à l'imparfait + emploi de nombreux adjectifs.

Texte 2 : argumentatif : discours qui cherche à convaincre par le biais d'un raisonnement logique. Victor Hugo énonce deux thèses : celle avec laquelle il n'est pas d'accord, la nécessité de la peine de mort, et celle qu'il défend, la suppression de la peine de mort. Pour défendre son point de vue, il développe trois arguments : pourquoi tuer quelqu'un qui peut être emprisonné à vie, la société ne peut ni se venger ni punir, assister à l'exécution de quelqu'un ne montre pas forcément l'exemple.

Texte 3 : narratif : le narrateur rapporte des faits situés dans le temps. Emploi de la 3e personne et du passé simple + verbes d'action + présence d'indicateurs temporels.

Texte 4 : informatif (première moitié du texte), explicatif (deuxième moitié) : après avoir donné des informations sur la Troisième République, le texte cherche à expliquer ce régime (« c'est-à-dire », « puisque »).

QUIZ CULTUREL   p. 99

1 b le lieu qui ne se trouve nulle part

2 c Robespierre fut à l'origine du culte de l'Être suprême : il prétendait donner à la vertu un fondement métaphysique. L'essentiel de ses idées est contenu dans son discours du 7 mai 1794 : « L'idée de l'Être suprême est un rappel continuel à la justice, elle est donc sociale et républicaine. »

3 a Dans *Candide*, Voltaire utilise l'Eldorado comme décor de certains chapitres. Cet univers utopique lui permet d'exposer les idéaux des philosophes des Lumières.

4 c Il s'agit de *La Révolution des fourmis*.

5 b Le préfet Haussmann a dirigé les transformations de Paris sous le Second Empire en élaborant un vaste plan de rénovation.

6 c Le Projet des Nations Unies pour le Développement (PNUD) définit ainsi l'IDH : « L'indicateur de développement humain mesure le niveau moyen auquel se trouve un pays donné selon trois critères essentiels du développement humain : longévité, instruction et conditions de vie. »

7 a Henri Grouès (1912-2007), dit l'Abbé Pierre, fonda en 1949 Emmaüs, une organisation venant en aide aux pauvres et aux réfugiés.

8 b L'association nationale « Les Restaurants du Cœur-Les Relais du Cœur » est fondée par l'humoriste et acteur Coluche le 26 janvier 1985. *(Voir Index culturel du manuel.)*

9 a période pendant laquelle les expulsions locatives sont interdites *(Voir Index culturel du manuel.)*

10 Droit Au Logement

11 b

12 Objet Volant Non Identifié

INDEX

INDEX

Achevé d'imprimer en Italie par Rotolito Lombarada
Dépôt légal : 04/2011 - Collection n°05 - Edition 02
15/5798/2